Dr. Marco von Münchhausen

Ingo P. Püschel

Alltag im Griff

mit dem inneren Schweinehund

Mit Illustrationen von Michael Wirth

Mit dem Schweinehund den Alltag meistern

Wie bringt man Menschen dazu, Diäten abzubrechen, Termine zu verpassen und unangenehme Aufgaben möglichst lange vor sich herzuschieben? Das weiß Uli, der innere Schweinehund, ziemlich genau ...

Als das Erscheinen dieses Buches langsam publik wurde, ging ein lautes Aufjaulen durch die Welt der Schweinehunde. Nun gut, die Trend-Scouts unter den Schweinehunden hatten schon länger gewarnt: Es werde bald den großen, umfassenden Schweinehund-Ratgeber geben, man solle sich vorsehen und nicht zu bequem werden. Aber wie das immer so ist mit den Propheten: Sie gelten unter den eigenen

Schweinehunden oft nicht viel, und als es schließlich so weit war, heulten alle um so lauter – kein Wunder, sahen sie doch ihre Felle davonschwimmen. Sie hatten es sich in den letzten Jahren gemütlich eingerichtet mit ihren Menschen. Gut, es gab ein paar Bereiche, in denen ihnen ein bisschen Wind in die Schnauze wehte: Abnehmen, Sport treiben, aufräumen – Nebenkriegsschauplätze, wie einige altgediente Schweinehunde meinten. Die Vor-

> *Große Veränderungen stehen an!*

boten großer Veränderungen, wie die jungen Pessimisten anmerkten. Aber die große Mehrheit war der Ansicht: Kein Grund, an den stabilen Verhältnissen zu zweifeln. Die Devise lautete: Weitermachen wie bisher. – Es sollte jedoch anders kommen.

Fairerweise müssen wir sagen: Es könnte anders kommen. Denn ob sich die Geschichte tatsächlich so zugetragen hat, wissen wir nicht. Aber wir haben in den vergangenen Jahren eine ganze Menge Erfahrung im Umgang mit den Schweinehunden dieser Welt sammeln können. Eine Erkenntnis zieht sich dabei wie ein Leuchtstreifen durch alle Bereiche: Die Ko-

Mein Ziel lautet: »Kooperation …

operationsbereitschaft dieser persönlichen Begleiter steigt, je eher man bereit ist, ihre Argumente anzuhören, nach ihren Motiven zu fragen und mit ihnen zusammen eine Lösung zu entwickeln. Umgekehrt: Je stärker man sie bekämpft und zurückzudrängen versucht, desto heftiger und bissiger werden ihre Angriffe.

Das Ziel lautet also: Kooperation statt Konfrontation. Der Weg dorthin ist gar nicht so schwer. Er fällt umso leichter, je mehr Sie über Ihren kleinen Saboteur wissen: was er eigent-

lich ist, wie er spricht und denkt (täuschen Sie sich nicht: er ist schlau!), was ihn motiviert – und was er überhaupt nicht mag. Dieser Ratgeber wird Ihnen dabei helfen, Ihren inneren Schweinehund immer besser kennenzulernen und ihn nach und nach zu einem Coach in eigenen Angelegenheiten zu machen. Wir haben ihn deshalb an vielen Stellen auch selbst zu Wort kommen lassen.

… statt Konfrontation.«

Und nun wünschen wir Ihnen und Ihrem Schweinehund viel Freude bei der Lektüre – und ebenso viel Spaß und Erfolg bei der Umsetzung.

Psychologie des Schweinehundes

Große Worte und viel Aufwand für einen kleinen Saboteur – ist das angemessen? Wir meinen: ja. Beinahe jeder von uns hat mit ihm zu kämpfen, unzählige Vorhaben scheitern an seinen Sabotageakten. Wer den inneren Schweinehund versteht und weiß, wie er tickt, kann nur gewinnen. Und nun viel Spaß bei den Erkundungsgängen in der unbekannten Welt der Schweinehunde.

Den Schweinehund schon mal gesehen?

Sie kennen diesen Begleiter schon lange – eigentlich Ihr ganzes Leben lang. Gesehen haben Sie ihn noch nie. Und so richtig mögen tun Sie ihn auch nicht, Ihren inneren Schweinehund. Schade, denn er ist eigentlich ganz nett und hat auch seine guten Seiten. Höchste Zeit also, sich mal etwas genauer mit ihm zu beschäftigen: wo er herkommt, wie er denkt und was sich hinter ihm verbirgt.

Er ist ein echtes Phänomen – der innere Schweinehund. Überall begegnet er einem. In der Buchhandlung: eine ganze Regalwand voll mit Büchern über ihn. Und daneben ein großes Plakat, von dem herab er einen schelmisch angrinst. Im Internet: über 500.000 Treffer, wenn man ihn bei einer Suchmaschine eingibt, und über 250.000, wenn die Suche auf Seiten aus Deutschland beschränkt wird. Selbst wenn man dabei die kommerziellen Angebote für Fitnessstudios abzieht, bleiben eine ganze Menge Seiten übrig, die sich inhaltlich mit ihm beschäftigen – Herkunft des Begriffs, Verwendung in den letzten drei Jahrhunderten und immer wieder: Wie gehe ich am besten mit ihm um? Sogar zum Filmstar hat er es schon gebracht. Gut, es ging dabei um einen Werbespot für einen Stromanbieter, der meint, Strom sei gelb – aber immerhin: eine beträchtliche Karriere für ein Haustier, das von seiner Natur her eigentlich eher nachtaktiv ist und lieber im Verborgenen arbeitet.

Mach dir ein Bild!

Inzwischen existieren eine ganze Reihe von Zeichnungen, die versuchen, den Schweinehund möglichst originalgetreu abzubilden. Das Problem dabei: Obwohl es sich um ein Tier handelt, das im Leben von Millionen Menschen eine große Rolle spielt, hat niemand es bisher zu Gesicht bekommen. In einer von Radio Bremen im Jahr 2007 durchgeführten Umfrage zum Thema »Kennen Sie den inneren Schweinehund?« meinte eine Passantin: »Riesengroß, riesiger Kopf, lange Ohren und richtig satt und vollgefressen.« Und noch eine Stimme: »Wie er genau aussieht, weiß ich auch nicht, aber ich weiß, dass es ihn gibt.« Nicht einmal die elementarsten Dinge sind geklärt: Ist das Viech jetzt mehr Schwein oder mehr Hund? Hat es einen Hundekopf und den Körper eines Schweins? Oder einen Schweinekopf und einen Hundekörper? Schaut man sich die Bilder an, die von ihm existieren, scheint es zumindest eine Art grundsätzlicher Übereinstimmung zu geben: Oberkörper Schwein, Rest Hund, und meist

wird das sogenannte Kindchenschema bedient, also großer Kopf, rundliche Gesichtsform, große Augen, Schweine-Stupsnase – so richtig zum Knuddeln. Dass dieses eher niedliche Bild im Widerspruch steht zu den Problemen, die der innere Schweinehund vielen Menschen bereitet, scheint dabei von Vorteil zu sein: Je freundlicher das Bild ist, das von ihm existiert, umso besser gelingt es vielleicht auch, sich ihn tatsächlich zum Freund zu machen.

Ein allgemeiner Definitionsversuch …

Halten wir also mal fest: Viele sprechen über ihn, niemand hat ihn bisher gesehen. Und letztlich weiß auch jeder, der sich mit inneren Schweinehunden beschäftigt: Es gibt diese Tiere in der Realität nicht. Es handelt sich dabei um nichts anderes als ein sprachliches Bild, eine sogenannte Metapher. Schauen wir mal bei Wikipedia, der Internet-Enzyklopädie nach. Dort heißt es: »Die Bezeichnung innerer Schweinehund umschreibt – oft als Vorwurf – die Willensschwäche, die eine Person daran hindert, unangenehme Tätigkeiten auszuführen, die entweder als ethisch ge-

9

boten gesehen werden […] oder die für die jeweilige Person sinnvoll erscheinen […].« Wenn wir vom inneren Schweinehund sprechen, meinen wir damit also eigentlich einen Teil unserer eigenen Persönlichkeit: unsere inneren Widerstände, unsere Unlust und überhaupt unsere Neigung, unangenehme Aufgaben zu vermeiden oder aufzuschieben. Gerade Letzteres könnte für die meisten genau der Teil sein, den sie nicht sonderlich mögen und daher oft bekämpfen.

… und die konkreten Auswirkungen

Wie der Schweinehund sich konkret zeigt, ist von Mensch zu Mensch völlig unterschiedlich:

● Ist es für Sie zum Beispiel sehr wichtig, Ihre Zeit effektiv zu nutzen und alles ganz genau durchzuplanen, dann wird Ihr Schweinehund Sie öfter mal zum Trödeln veranlassen.

● Wollen Sie Bewegung und Sport zum festen Bestandteil Ihres Lebens werden lassen, könnte es sein, dass Ihr Schweinehund Sie immer mal wieder mit unvorhergesehenen Zwischenfällen vom Training abzuhalten versucht.

● Und wenn Sie der Ansicht sind, dass das Leben in einer bis ins Detail gestylten Wohnung besonders lebenswert sei, so wird Ihr Schweinehund immer wieder mal dafür sorgen, dass es ein bisschen gemütlicher wird – zumindest nach seinen Maßstäben.

Know-how

SCHLAG NACH BEI ARISTOTELES ODER: SO ALT IST DER SCHWEINEHUND SCHON

Auch wenn der Begriff »innerer Schweinehund« jüngeren Datums ist – das dahinterstehende psychologische Phänomen wurde schon viel früher behandelt. Unter dem altgriechischen Begriff »akrasía«, der so viel bedeutet wie »Willensschwäche«, wurde bereits von dem griechischen Philosophen und Schriftsteller Aristoteles das Problem erörtert, dass eine Person eine bestimmte Handlung ausführt, obwohl sie eigentlich der Meinung ist, dass eine andere Handlungsweise viel besser sei. Auch in den folgenden Jahrhunderten haben sich immer wieder Philosophen dieser Frage angenommen. Der große Gegner aller Philosophie, der innere Schweinehund, hat dann allerdings für eine entscheidende Weiterentwicklung gesorgt: Ihm ist es gelungen, seinen Menschen dazu zu bringen, nichts zu tun, obwohl er erkennt, dass es besser wäre, etwas zu tun … Hätte er nur nicht nachgedacht, dieser Schweinehund.

Das sagt der Wissenschaftler

Es war natürlich nur eine Frage der Zeit, bis sich auch die Wissenschaft mit dem Phänomen innerer Schweinehund beschäftigte. Nein, einen Lehrstuhl für angewandte Schweinehund-Psychologie gibt es noch nicht. Aber immerhin ist der Bremer Hirnforscher Professor Gerhard Roth bei seinen Untersuchungen zu einem bemerkenswerten Ergebnis gekommen: »Es gibt da mehrere Schweinehunde«, nämlich bewusste und unbewusste. Je nachdem, wie raffiniert der Schweinehund arbeitet, kann man ihn in die eine oder die andere Schublade einsortieren. Richtig gefährlich ist vor allem der unbewusste Schweinehund, der uns immer wieder zu Verhaltensweisen verführt, die wir uns selbst kaum erklären können.

Hier sitzt der innere Schweinehund

Viel interessanter ist allerdings eine weitere Erkenntnis des Bremer Hirnforschers: Es ist ihm gelungen, den inneren Schweinehund in unserem Gehirn dingfest zu machen. Professor Roth ist der Ansicht, der innere Schweinehund sitze im limbischen System unseres Gehirns. Dieser neben dem Stammhirn älteste Teil des Gehirns steuert überwiegend die sogenannten vegetativ-nervösen und hormonellen Vorgänge in unserem Körper und ist außerdem zuständig für Affekte (zum Beispiel Liebe, Furcht, Wut) und Emotionen. Und mit genau diesen Emotionen steuert uns der Schweinehund. Denn wenn das rational arbeitende Großhirn sagt: »Du musst unbedingt abnehmen, dein Übergewicht ist schädlich!«, dann schießt der Schweinehund mit emotionaler Munition dagegen: »Was? Abnehmen? Das bedeutet doch Entbehrungen, Anstrengungen und Verzicht! Nicht mit mir!« »Im limbischen System«, so Professor Roth, »sitzt die emotionale Macht, die fragt nicht nach langfristigen Gewinnen, sondern danach, was hab' ich jetzt davon, gleich und sofort.« Das ist genau die Sprache des Schweinehundes. Er will, dass es ihm und seinem Menschen gut geht. Er will körperliche Bedürfnisse sofort stillen, auch wenn es nicht gesund ist. Er will Sie vor Anstrengungen und Risiken bewahren. So ernüchternd diese Erkenntnis zunächst einmal sein mag, so wichtig ist sie aber auch für den Umgang mit dem inneren Schweinehund. Denn wenn man seine Denkweise kennt, kann man auch wirksame Strategien im Umgang mit ihm entwickeln. Und wenn man erkannt hat, dass der Schweinehund nicht grundsätzlich böswillig ist, sondern immer das Wohlergehen seines Menschen vor Augen hat, kann genau das ein Ansatzpunkt für die Diskussion mit ihm sein. Wie das funktioniert, erfahren Sie ab Seite 79.

Und der Vorteil?

So vielfältig also die Beschäftigung mit dem Phänomen des inneren Schweinehundes auch sein mag: Für die Frage, wie wir unsere inneren Widerstände überwinden und uns immer wieder neu motivieren können, bietet dieses sprachliche Bild zwei entscheidende Vorteile:

● Zum einen ermöglicht die Figur des inneren Schweinehundes, uns selbst mit unseren Problemen von außen zu betrachten. Wir ändern damit noch nichts an dem jeweiligen Problem an sich. Aber wir verändern unsere Sichtweise darauf! Wir können damit zu unseren Widerständen und unserer mangelnden Selbstüberwindung ein bisschen Abstand gewinnen. Indem wir einen Teil unserer eigenen Probleme auf den Schweinehund projizieren, distanzieren wir uns gleichzeitig davon und haben die Möglichkeit, besser damit umzugehen. Die Außensicht auf die eigenen Probleme gehört mit zu den besten Selbststeuerungselementen, die wir zur Verfügung haben.

● Und was mindestens ebenso wichtig ist: Das Bild des inneren Schweinehundes ist sehr humorvoll. Ebenso hilfreich wie der Abstand zu den eigenen Problemen ist der

Know-how

THERE IS NO PIGDOG

Interessant ist, dass der Begriff »innerer Schweinehund« nur im deutschen Sprachraum verbreitet zu sein scheint. Wörtliche Übersetzungen in andere europäische Sprachen lassen sich nur schwer finden. Auch wenn zum Beispiel die englische Übersetzung »inner pigdog« naheliegend wäre – durchgesetzt scheint sie sich noch nicht zu haben. Im englischen Sprachraum finden sich zum Beispiel die Varianten »inner temptation« oder »one's weaker self«.

Das bedeutet nun freilich nicht, dass in anderen Ländern das Problem mangelnder Selbstüberwindung nicht existiert. Allerdings stellt die deutsche Sprache mit dem Begriff des »inneren Schweinehundes« eine sehr knappe und präzise Redewendung zur Verfügung, unter der sich viele Aspekte des Überwindens und Aufraffens zusammenfassen lassen, während andere Sprachen hier sehr viel mehr differenzieren (siehe Bremer Sprachblog vom 3. 8. 2008).

Wo ich herkomme – rein sprachlich betrachtet

Ein Blick auf die eigenen Wurzeln kann ja oft sehr aufschlussreich sein. Ich habe mal ein bisschen in eigener Angelegenheit geforscht und bin auf meine tierischen Ahnen gestoßen: Im 18. Jahrhundert wurde als Schweinehund ein Jagdhund bezeichnet, der auf Schweine abgerichtet war – eigentlich eine ganz ehrenhafte Tätigkeit, nicht wahr? Im 19. Jahrhundert wurde es dann etwas unangenehmer für mich. Damals wurden die Eigenschaften, die einen guten Jagdhund ausmachen – also Bissigkeit und hetzendes, das Opfer müde machendes Hinterherlaufen –, als Charaktereigenschaften auf den Menschen übertragen. Und da solche Menschen oft keine angenehmen Zeitgenossen sind, wurde auch mir selbst ein negativer Charakter zugesprochen. Von da an ging es ziemlich bergab mit mir. In den beiden Welt-kriegen war ich fester Bestandteil der militärischen Sprache – und im Februar 1932 hatte ich sogar einen großen Auftritt in der Politik: Der SPD-Abgeordnete Kurt Schumacher wurde mehrmals zur Ordnung gerufen, als er mich zum Bestandteil einer Rede machte.

Erfreulicherweise hat sich mein Image in den letzten Jahren wieder gewandelt. Seit Autoren und Trainer auch meine positiven Seiten erkannt haben, wird zunehmend freundlicher über mich geredet und geschrieben. Die Sprachforschung hat dafür einen schönen Begriff: Melioration. Darin steckt das lateinische Wort »melior« und das heißt »besser«. Mit dem Begriff »innerer Schweinehund« verbinden immer mehr Menschen auch etwas Positives – meine Zukunft sieht also gar nicht so schlecht aus!

Humor in eigener Sache. Auch wenn wir uns über unseren inneren Schweinehund oft ärgern und ihn in die dunkelste Ecke unseres Kellers schicken wollen – genauso häufig lächeln wir doch auch über ihn und damit letztlich über uns selbst. Humor schafft »Distanz zum Problem. Man nimmt sich und das Problem nicht mehr wichtig«, sagt Karin Nyman, die Tocher der weltberühmten Kinderbuchautorin Astrid Lindgren – und beschreibt damit eine Lebensphilosophie, mit der schon ihre Mutter viele kleine und große Probleme des Alltags besser bewältigen konnte. Und so stellt die Figur des inneren Schweinehundes nicht nur selbst eine humorvolle Umschreibung unserer Widerstände dar – auch im Umgang mit ihm bringt Humor uns viel weiter als eine verbissene und todernste Haltung.

GESTATTEN: ICH BIN VIELE

Die Menschen nennen mich nicht nur innerer Schweinehund – wie alle großen Künstler habe auch ich eine ganze Menge Pseudonyme. Manchmal muss ich aufpassen, dass ich mich selbst noch erkenne. Auf der Internet-Plattform Yahoo! Clever Deutschland werden unter anderem folgende Begriffe genannt, mit denen ich schon in Verbindung gebracht wurde:

Mein neuer Name	Mein Kommentar
Willensschwäche, innerer Widerstand	Kein Einwand.
Zweites Ich	Das gefällt mir besonders gut! Und es ist sogar wahr, denn Sie haben zwar einen Schweinehund, sind aber selbst keiner!
Herz und Verstand	Ach ja ... das ist mir fast zu schmalzig.
Die Gegensätze, die jeder Mensch in sich vereint	Klingt ein bisschen nach Fernost, oder?
Feigheit, Angst oder Furcht	Das ist zwar ein wenig negativ, aber in manchen Situationen stimmt es schon.
Entspannte Unschlüssigkeit	Als Vorstufe zum Nichtstun, oder wie soll das gemeint sein?
Bequemlichkeit, Lustlosigkeit, Trägheit, Faulheit	Viermal ja!!!!
Motivationslosigkeit	Immer öfter!
Disziplinlosigkeit	Ja, gern!
Die résistance des gesunden Menschenverstandes	Oh, sehr gebildet, fast schon philosophisch. Darüber würde ich gern mal bei einem guten Glas Rotwein mit Ihnen sprechen.
Teufel	Nein, das bin ich definitiv nicht ... den Job lasse ich gern andere machen!

Warum gibt es den Schweinehund überhaupt?

»Der hat ja auch was ganz Charmantes … Ich finde, er kann auch ein Freund sein.« So eine Passantin auf die Frage nach ihrem inneren Schweinehund. Was zuerst blauäugig erscheint – erleben wir den Schweinehund doch meist als Bremser und Hemmschuh –, wird bei näherer Betrachtung immer plausibler. Denn tatsächlich hat der innere Schweinehund auch seine guten Seiten … man muss nur genauer hinschauen.

Wir müssen uns also wohl mit der Existenz unseres kleinen Begleiters abfinden. Er wird immer bei uns bleiben. Wir können natürlich versuchen, vor ihm wegzulaufen – aber selbst wenn Sie ihm kurzfristig entkommen: Er ist schneller, er wird Sie einholen, und ganz sicher in einem Moment, in dem Sie am wenigsten mit ihm rechnen. Auch Einsperren nützt nichts. Viele Menschen versuchen, ihren Schweinehund hinter Gitter zu bringen – und meinen, sie könnten mit eiserner Disziplin ein ausbruchsicheres Gefängnis um ihren Saboteur bauen. Aber auch das erweist sich allzu häufig als trügerischer Irrtum. Denn der innere Schweinehund versteht es vorzüglich, auch aus seinem Gefängnis heraus die Zügel fest in der Hand zu halten, und arbeitet bereits an einem Ausbruchplan. Im Grunde muss er nur abwarten, denn er kennt seinen Menschen sehr genau: Irgendwann muss die Disziplin mal Pause machen, denn auf Dauer ist sie kaum durch-

zuhalten. Und dann schlägt seine Stunde der Rache …

Ein Kreislauf voller Widerstände

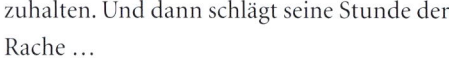

Die einfache Antwort auf die Frage, warum es innere Schweinehunde gibt, lautet: Weil es innere Widerstände gibt. Nun mögen Sie erwidern: Ja, klar, der innere Schweinehund ist doch gerade der innere Widerstand in Person. Also muss ich nur den inneren Widerstand überwinden, dann bin ich auch den inneren Schweinehund los. Ist das wirklich so? Möglicherweise sind die Dinge doch etwas komplizierter.

Der Versuch, unserer inneren Widerstände Herr zu werden, scheint vor allem ein immerwährender Kampf gegen uns selbst zu sein. Denn die althergebrachten Strategien laufen darauf hinaus, mit Härte gegen sich selbst, Überwindung, Leistungsdenken und Disziplin die eigene Persönlichkeit »auf Linie« zu bringen. Eine Vorgehensweise, die ein wenig an militärische Techniken er-

innert, und in der Tat wurde die Metapher des inneren Schweinehundes ja lange Zeit in der Militärrhetorik eingesetzt. Nun mag diese Methode sogar zum Erfolg führen, zumindest vorübergehend. Nur: Auf Dauer ist dieser Kampf gegen uns selbst sehr anstrengend. Und eigenartigerweise machen viele Menschen die Erfahrung: Je mehr ich mich bemühe, meine inneren Widerstände zu überwinden, je heftiger der Kampf wird, desto bissiger werden die Attacken des inneren Schweinehundes. Oder anders ausgedrückt: Je mehr wir unter Druck stehen und je seltener wir auch mal fünf gerade sein lassen, desto angriffslustiger wird unser Saboteur. Und so scheint die Gleichsetzung »innerer Widerstand« = »innerer Schweinehund« also doch nicht so richtig zu funktionieren. Es sieht eher nach einer Art Regelkreislauf aus, in dem sich innere Widerstände und innere Schweinehunde gegenseitig hochschaukeln. Das Erfreuliche an dieser Erkenntnis ist allerdings, dass damit schon ein Teil des Problems gelöst ist (siehe Seite 68 ff.)

Wo Widerstände herkommen

Um den Schweinehund ein bisschen besser zu verstehen, ist es aufschlussreich, sich einmal die Ursachen für innere Widerstände etwas genauer anzusehen. Dabei ist zunächst eines klar: Es gibt so viele innere Schweinehunde, wie es Menschen gibt … und ebenso vielfältig und zahlreich sind die Quellen innerer Widerstände. Dennoch lassen sich einige für viele Menschen geltende Grundmuster erkennen – und es gibt Lebensbereiche, in denen zu diesen Fragen besonders viel geforscht wurde: Die Arbeitswelt gehört zum Beispiel dazu. Zum Thema »Arbeitsstörungen« sind in den vergangenen Jahren zahlreiche Studien unternommen worden – kein Wunder, wenn man bedenkt, dass die Schweinehunde in diesem Bereich jährlich etliche Milliarden Euro auf dem Gewissen haben.

Person oder Sache

Ganz allgemein lässt sich sagen: Innere Widerstände können ihre Ursache in der jeweiligen Person haben, sich gegebenenfalls sogar zu einem Charakterzug entwickeln. Oder sie können mit der übernommenen Aufgabe in Zusammenhang stehen. US-amerikanische Forscher haben sich mit den Ursachen einer der beliebtesten Erscheinungsformen innerer Widerstände beschäftigt – die zugleich eines der Hauptbetätigungsfel-

der innerer Schweinehunde ist: die »Aufschieberitis«. Ihre auf diesem Gebiet gewonnenen Erkenntnisse lassen die Schlussfolgerung zu, dass es die inneren Schweinehunde unter folgenden Bedingungen besonders leicht haben, den inneren Widerständen zum Durchbruch zu verhelfen, nachzulesen in »Psychologie Heute«, Heft 2/08.

Ursachen in der Person

- Mangelnde Konzentration, die sich in leichter Ablenkbarkeit und Zerstreutheit äußert.
- Schwach ausgeprägter Leistungswille (als Charaktereigenschaft), der sich vor allem in geringer oder fehlender Motivation zeigt.
- Übermäßiger Perfektionismus, der bewirkt, dass der Abschluss einer Aufgabe immer wieder aufgeschoben wird.
- Oppositionsdenken, das bewirkt, dass allein schon die Übertragung einer Aufgabe durch andere deren rechtzeitigen Abschluss verhindert.

Prokrastination – gemeint ist: Aufschieberitis

Ich liebe Fremdsprachen: PROKRAS-TINATION! Das klingt doch viel besser als Aufschieberitis. Ist aber dasselbe: Es geht darum, Tätigkeiten vor sich herzuschieben. Das kennt wahrscheinlich jeder in der einen oder anderen Form von sich selbst. Studenten scheinen übrigens besonders gefährdet zu sein – für sie gibt es die Sonderform der »akademischen Prokrastination«. Prima! Manche haben da sicher auch einen Doktorgrad erreicht. Also, ich habe jedenfalls nicht studieren müssen, um zu erkennen, dass die Auf-schieberitis ein lohnendes Betätigungs-feld für uns Schweinehunde ist. Sie ist übrigens auch kein Problem der Neu-zeit. Schon der griechische Dichter Hesiod hat etwa 800 v. Chr. erkannt, dass das Hinausschieben von Pflichten den Menschen in den Ruin treiben kann. Und Thukydides war der Ansicht, dass Aufschieberitis nur bei einer Handlung wirklich gut sei: bei Kriegserklärungen. Na ja, gerade in diesem Bereich haben sich meine Kol-legen ja leider bisweilen nicht mit Ruhm bekleckert …

Ursachen in der über-nommenen Aufgabe

- Angst, der Aufgabe nicht gewachsen zu sein, sie nicht zur Zufriedenheit anderer (Vorgesetzter, Kollegen) ausführen zu können.
- Mangelnder Spaß an einer Aufgabe – das ist oft gleichbedeutend mit Aufgaben, die uns nicht ausreichend fordern, uns also langweilen.
- Aufgaben, bei denen die Anerkennung (von außen oder auch von innen) gänz-lich fehlt oder zumindest weit entfernt ist; das gilt umgekehrt auch für mögliche Sanktionen im Fall der Nichterledigung.

So läuft es mit dem inneren Widerstand

Diese Zusammenstellung mag unvollständig sein, sie bildet auch nur die häufigsten Ursachen für innere Widerstände im Zusammen-hang mit Arbeitsstörungen ab. Dennoch lässt sich daraus ableiten, wie sich das verhängnisvolle Zusammenspiel aus inneren Widerständen und innerem Schweinehund in vielen Fällen gestaltet:

- Der Schweinehund sorgt häufig dafür, dass sein Frauchen oder Herrchen falsche Aufgaben übernimmt oder eigentlich angemessene Aufgaben oder Herausforderungen falsch angeht, indem er/sie sich zum Beispiel ein zu hohes Ziel steckt: Keine halben Sachen! Mach' die Teamleitung doch auch gleich mit.
- Den latent vorhandenen inneren Widerständen leistet er dann Vorschub, indem er die Fähigkeiten seines Besitzers permanent infrage stellt.
- Mit dieser Art der Selbstsabotage (»Hast du dich da nicht übernommen?«), die anfangs vielleicht sogar einen Motivationsschub verursacht (»Jetzt erst recht!«), untergräbt er auf Dauer das Selbstbewusstsein. Das erste Hindernis lässt Sie unsicher werden, das zweite wird dann gleich zum großen Stolperstein.
- Letztlich sorgt der innere Schweinehund auf diese Weise für einen Selbstverstärkungseffekt, denn seine erfolgreichen Manipulationsstrategien werden dazu führen, dass die Selbstzweifel und die inneren Widerstände bei der nächsten Herausforderung noch viel größer sind ... und so geht der verhängnisvolle Kreislauf in die nächste Runde.

Und wo bleibt das Positive?

Eine berechtigte Frage. Bei so vielen schlechten Nachrichten sieht es ja nicht danach aus, als ob noch etwas Positives kommen könnte. Das Überraschende: Auch wenn unser innerer Schweinehund auf den ersten Blick nur Sabotage im Kopf zu haben scheint, will er in vielen Fällen mit dieser Sabotage nur unser Bestes. Er will uns nämlich vor dem bewahren, wozu uns unsere auf Höchstleistung getrimmte Welt im Berufs- wie im Privatleben immerzu treibt: Überforderung, Überarbeitung, Überanstrengung. Er möchte uns davor bewahren, uns selbst zu schädigen. Er will, dass es uns jetzt, genau in diesem Moment gut geht ... ohne dabei irgendwelche Pläne oder Konzepte beachten zu müssen.

Machen Sie den Test

Sie sehen darin noch nichts Positives? Sie halten die Bestrebungen Ihres Schweinehundes eher für eine kindische Marotte, auf die Sie lieber verzichten würden? Dann nehmen Sie sich doch jetzt einfach mal fünf Minuten Zeit und überlegen Sie sich: Wie sähe Ihr Leben aus, wenn Sie keinen Schweinehund hätten? Den Test hierzu finden Sie auf der folgenden Seite.

Und, wie sieht Ihre Bilanz aus? Wenn Sie nun sagen, die Situationen seien schon so ausgewählt und formuliert worden, dass man beinahe immer die zweite Spalte ankreuzen musste, haben Sie vielleicht sogar recht. Darin spiegelt sich allerdings nur eine allgemeine Erkenntnis: Wir wären wahrscheinlich alle zusammen ziemlich unausstehlich, wenn wir als leistungsorientierte Maschinen durchs Leben gehen würden. Der innere Schweinehund sorgt für ein gehöriges Maß an Menschlichkeit – nicht die schlechteste Eigenschaft.

Test

MEIN LEBEN OHNE SCHWEINEHUND

Um Ihnen diese Überlegung zu erleichtern, finden Sie hier ein paar Situationen, in denen sich der Schweinehund typischerweise meldet. Überlegen Sie sich: Wie angenehm – oder unangenehm – wäre es, wenn Sie in all diesen Situationen strikt nach Effizienz- und Leistungsgesichtspunkten beziehungsweise nach dem, was »man« in solchen Situationen eigentlich tun müsste, entscheiden würden und nie Ihrer momentanen Laune nachgeben könnten?

Tätigkeit	Strikt nach Leistungsgesichtspunkten zu handeln wäre	
	eher angenehm	eher unangenehm
Mir keine Minute für mich selbst gönnen, nur für die anderen da sein.		
Trotz vollem Terminkalender eine Freundin/einen Freund treffen.		
Strikt nach dem Motto leben: Nichtstun kostet nur Zeit und bringt nichts.		
Meinen Diätplan eisern durchhalten, obwohl der Apfelkuchen sehr lockt.		
Mal wieder Überstunden machen.		
Langgehegte Wünsche auf später verschieben, »wenn man in Rente ist«.		
Ein berufliches Projekt nach dem anderen durchziehen, ohne Pause und Urlaub.		
Jeden Tag diszipliniert ein Fitnessprogramm durchziehen, um der lieben Gesundheit willen.		
Immer nach dem perfekten Ergebnis streben, auch wenn das länger dauert.		
Den Partner immer wieder mit Hinweis auf den Berufsstress vertrösten.		

Schweinehund und Wissenschaft – Hand in Hand

»Wer unter Dampf steht, lebt gefährlich« – so lautet die Überschrift eines Artikels in der Zeitschrift »Psychologie Heute« aus dem Jahr 2002 – der Schweinehund würde das glatt unterschreiben. Selten hat ihm ein Artikel so aus dem Herzen gesprochen wie dieser. Denn der – vereinfachte – Tenor lautet tatsächlich: Wer ständig unter Dampf steht, wer sich häufig stresst und immer auf der Suche nach Höchstleistungen ist, wird nicht alt. Oder umgekehrt: Wer öfter mal auf seinen Schweinehund hört, lebt gesünder.

Schweinehunde betreiben aktives Stressmanagement

Dass häufiger Stress das Risiko erhöht, Opfer einer Herz-Kreislauf-Erkrankung oder sogar eines Herzinfarkts zu werden, ist eine allgemein bekannte Tatsache. Umfangreiche Studien in den USA haben Mitte der 1990er-Jahre diesen Zusammenhang auch experimentell bestätigt. Untersuchungen ergaben, dass Stress einen akuten Sauerstoffmangel im Herzen auslöst. Diese sogenannte Ischämie versucht das Herz nun durch eine erhöhte Pumpleistung auszugleichen. Allerdings misslingt dieser Ausgleich in Stresssituationen häufig, da Stress auch zu einer Verengung der Blutgefäße führt. Verstärkt wird dies, wenn die Koronargefäße, also die das Herz umgebenden Blutgefäße, aufgrund von Kalkablagerungen bereits verengt sind. So kommt es zu der paradoxen Situation, dass das Herz zwar eigentlich mit seiner erhöhten Pumpleistung mehr sauerstoffreiches Blut zuführen möchte, dies aber aufgrund der verengten Blutgefäße misslingt – eine höchst gefährliche Situation, die unter Umständen in einen Herzinfarkt mündet.

Als typischer und besonders wirkungsvoller Stressauslöser hat sich in diesen Experimenten der Ärger erwiesen. Denn Ärger lässt immer auch den Blutdruck ansteigen und dauerhaft erhöhter Blutdruck ist einer der entscheidenden Risikofaktoren für Herz-Kreislauf-Erkrankungen.

Selbstverwirklichung macht krank

Diese zugegebenermaßen etwas provokante These haben die Erlanger Forscher Guido Gendolla und Jan Krüsken in »Psychologie Heute«, Heft 12/02, formuliert. Ihre Untersuchungen ergaben, dass Menschen, die an

sich selbst sehr hohe Anforderungen stellen, die ständig hoch motiviert sind und sich in alle Aufgaben voll einbringen, permanent unter Stress stehen. Dies gilt umso mehr, je stärker das Selbstwertgefühl, das Ego, zum Maß allen Handelns wird. Es kommt also nicht mal so sehr auf die Anforderungen an, die von außen gestellt werden. Wer sich um der Selbstverwirklichung willen den Anforderungen des Lebens aktiv stellt und sein Schicksal selbst in die Hand nimmt – also nach üblicher Ansicht als besonders bewunderungswürdig gilt –, steigert nach Ansicht der Erlanger Forscher das Risiko einer Herzerkrankung.

Der Schweinehund ist schlauer

Schweinehunde scheinen das alles schon lange zu wissen. Denn mit ihren Bemühungen, ihren Menschen vor Überforderung und Stress zu bewahren, ihm immer wieder kleine Ruheinseln im Alltag zu verschaffen, betreiben sie aktives Stressmanagement – und können damit ihren Besitzer unter Umständen vor den gefährlichen Folgen wie Herz-Kreislauf-Erkrankungen schützen.

Aufgrund ihrer langjährigen Erfahrungen ist es den Schweinehunden sogar gelungen, an bestimmten Merkmalen in der Persönlichkeit ihres Menschen zu erkennen, wie stark sie im Einzelfall aktiv werden sollten. Diese Einteilung mag ein wenig grob geraten und klischeehaft sein, sie hat Mängel und sie basiert auch nicht allein auf den Erkenntnissen der Schweinehunde. Zurückzuführen ist sie auf Untersuchungen der US-amerikanischen Forscher Meyer Friedman und Ray Rosenman in den 70er-Jahren des vergangenen Jahrhunderts. Sie teilen menschliches Verhalten in zwei große Gruppen ein (Quelle: »Psychologie Heute«, Heft 12/02):

- Sogenanntes Typ-A-Verhalten: Dieses ist geprägt von Ehrgeiz, Rastlosigkeit, Ungeduld, Ärger und Feindseligkeit. Der Typ A neigt zu erhöhtem Blutdruck; Herzklopfen und Kreislaufstörungen gehören zu den typischen Symptomen.
- Sogenanntes Typ-B-Verhalten: Ganz anders dieser Typ: Er steht dauernd unter Stress, schmollt, ist traurig und »vergiftet« sich selbst mit dem Ärger, den er in sich hineinfrisst. Typ-B-Menschen neigen eher zu niedrigem Blutdruck und zu Magen-Darm-Beschwerden.

Nun ist es nicht so, dass sich menschliches Verhalten astrein der einen oder anderen

Verhaltenskategorie zuordnen lässt. Jeder Mensch trägt mehr oder minder große Anteile beider Verhaltensmuster in sich. Aber ebenso wird jeder Mensch von einem der beiden Verhaltensmuster mehr oder minder stark geprägt, sodass dann doch wieder eine Zuordnung möglich ist.

Ausgehend von der Erkenntnis, dass sich bei Typ-A-Menschen Ärger und Stress blutdrucksteigernd auswirken und ihre Rastlosigkeit und Ungeduld dazu führen, dass sie in allen Aufgaben, die sich ihnen beruflich oder privat stellen, eine besondere Herausforderung sehen, könnte man nun schlussfolgern, dass diesen Menschen ihr Schweinehund besonders guttut. Denn mit seinem aktiven Stressmanagement sorgt er für eine Reduzierung der Risikofaktoren und damit unter Umständen für ein längeres Leben. Anders ausgedrückt: Für alle Menschen hat der innere Schweinehund auch positive Aspekte, aber für Menschen mit Typ-A-Verhalten ist dies besonders wertvoll. Mit dem Test auf den folgenden Seiten finden Sie heraus, ob sie eher zu Typ-A- oder Typ-B-Verhalten neigen. Nehmen Sie sich ein paar Minuten Zeit, um die Fragen zu beantworten. Ihr Schweinehund wird Sie in Ruhe lassen – schließlich geht es hier um seine positiven Seiten.

Der Schweinehund als Freund

Was auf den ersten Blick wie ein lästiges Anhängsel aussah, das es auszumerzen gilt, entpuppt sich also bei näherer Betrachtung als durchaus sinnvoller Teil unserer Persönlichkeit. Ein Grund mehr, im Umgang mit dem inneren Schweinehund auf Kooperation zu setzen. Wir können von ihm lernen, wo es sinnvoll ist, auf Grenzen in unserem Leben zu achten. Wir können auf ihn hören, wenn er uns vor Überforderung schützen will. Und wir können uns seinen spielerischen, ja beinahe kindlichen Charakter zunutze machen, wenn es darum geht, für unser Wohlbefinden zu sorgen, es uns gut gehen zu lassen, zu entspannen und zu faulenzen.

SO WERTVOLL IST IHR INNERER SCHWEINEHUND FÜR SIE

Machen Sie den Selbsttest: Finden Sie heraus, ob Sie eher zu Typ-A- oder Typ-B-Verhalten neigen. Kreuzen Sie von den folgenden 28 Aussagen diejenigen an, von denen Sie meinen, dass sie auf Sie persönlich zutreffen:

1 ◯ Ich erledige meine Arbeiten ruhig und sorgfältig.

2 ◯ Ich arbeite rasch.

3 ◯ Ich lasse mir Zeit, ohne deswegen langsam zu sein.

4 ◯ Ich kann nicht langsam arbeiten, dazu bin ich viel zu energiegeladen und temperamentvoll in der Ausführung meiner Tätigkeiten.

5 ◯ Ich lege hier und da eine kleine Erholungspause ein, ohne gleich Schuldgefühle zu empfinden.

6 ◯ Ich hasse es, eine interessante Tätigkeit unterbrechen zu müssen. Pausen sind daher bei mir unregelmäßig. Ich lasse auch mal eine Mahlzeit ausfallen, wenn ich gerade mitten in der Arbeit stecke!

7 ◯ Ich bearbeite immer eine Sache nach der anderen. Wenn ich mehrere Dinge gleichzeitig tun soll (zum Beispiel telefonieren – Diktat – in den Unterlagen nachsehen), werde ich nervös.

8 ◯ Ich kann sehr wohl einige Dinge gleichzeitig erledigen (es macht auch mehr Spaß).

9 ◯ Als Hobby oder Interessen bezeichne ich Dinge wie Sonnenbaden, Spazierengehen, Tagträumen, Musikhören.

10 ◯ Hobbys oder Interessen sind geistige, körperlich anregende, aufregende und faszinierende Tätigkeiten wie Segeln, Bergsteigen, Tauchen, Bücherschreiben, aktiv Musizieren, Leistungssport.

11 ◯ Mir sind innere Ruhe, Frieden, Beschaulichkeit und »Mit-sich-im-Reinen-sein« wichtiger als Karriere, Status, Macht oder Wohlstand.

12 ◯ Ich werde erst dann innere Ruhe finden, wenn ich genügend Wohlstand erarbeitet habe, um mir diese leisten zu können!

13 ◯ Mir ist es ziemlich egal, was andere von mir denken, solange ich selbst weiß, dass ich meine Arbeit sauber und zuverlässig erledige und meinen Pflichten als Elternteil, als Kind, als Partner nachkomme.

14 ◯ Erfolg ist erst als solcher definierbar, wenn andere meine Leistungen, mein Können auch anerkennen. Das müssen keine Lobreden sein: Ein anerkennendes Nicken genügt.

15 ◯ Ich brauche immer etwas länger, um neue Informationen zu verarbeiten, aber dann bleiben sie auch haften.

16 ◯ Ich fasse sehr schnell auf.

17 ◯ Ich finde, man sollte das Leben nehmen, wie es ist, und versuchen, so gut wie möglich über die Runden zu kommen.

18 ◯ Ich stimme der Aussage »Der Mensch ist, was er aus sich macht« voll zu. Man muss sein Leben in die Hand nehmen, sonst fahren zu viele Züge ohne einen ab.

19 ◯ Schicksal ist etwas, das ich nicht lenken kann. Jeder muss den einen oder anderen

Schicksalsschlag oder Misserfolg einstecken.

20 ◯ Schicksal ist, was ich aus meinem Leben mache und wie ich meine Talente und Fähigkeiten, die das »Schicksal« mir gegeben hat, nütze und fördere.

21 ◯ Wenn man mich oder meine Meinung angreift, stört mich das nicht. Hauptsache, ich weiß, was ich will und warum.

22 ◯ Wenn man mich oder meine Meinung angreift, versuche ich zunächst, dem anderen klarzumachen, worum es mir geht. Dabei werde ich auch mal etwas lauter, wenn mich etwas wirklich betrifft und bewegt.

23 ◯ Manche Leute sagen mir eine mangelnde Aggressivität nach.

24 ◯ Manchmal wirkt meine normale Dynamik zu aggressiv auf einige Leute.

25 ◯ Ich unterbreche andere nie oder selten. Schließlich muss ich erst hören, was der andere zu sagen hat; außerdem bleibt mir dann mehr Zeit zum Überlegen.

26 ◯ Wenn ich genau weiß, worauf der andere abzielt, unterbreche ich schon: Damit sparen wir beide schließlich unnütze Worte, Zeit und Energie!

27 ◯ Wenn ich einmal sagen kann: »Ich habe ein angenehmes, ruhiges und harmonisches Leben gelebt«, werde ich zufrieden sein.

28 ◯ Wenn ich einmal sagen kann: »Ich habe das Beste aus jeder Situation gemacht, meine Talente und Fähigkeiten optimal eingesetzt und meine hochgesteckten Ziele weitgehend erreicht«, werde ich zufrieden sein.

Zu den A-Typ-Aussagen gehören alle Fragen mit geraden Ziffern – die mit den ungeraden Ziffern also zu den B-Typ-Aussagen.

Ich habe _____ A-Typ-Aussagen und _____ B-Typ-Aussagen angekreuzt, bin also eher ein _____ -Typ.

AUSWERTUNG

Eher Typ A

Sollten Sie jemals auf Ihren Schweinehund geschimpft haben: Sie dürfen sich ruhig bei ihm entschuldigen. Er ist wichtiger für Sie, als Sie bisher vielleicht gedacht haben. Denn mit seiner Strategie, Sie vor Überanstrengung und Stress zu schützen, betreibt er aktive Gesundheitspolitik für Sie. Dass Sie ihm dennoch nicht völlig das Ruder überlassen dürfen, versteht sich von selbst – wie Sie mit ihm umgehen, erfahren Sie in den folgenden Kapiteln. Aber Sie wissen jetzt zumindest genau, welche positive Funktion er für Sie hat.

Eher Typ B

In puncto Stressmanagement hat der innere Schweinehund bei Ihnen leichtes Spiel. Zumindest äußert sich Stress bei Ihnen wahrscheinlich kaum durch gesundheitsschädlichen Bluthochdruck. Allerdings kann Ihr Schweinehund auch für Sie positive Funktionen haben, denn Sie neigen dazu, den Ärger in sich hineinzufressen – was Ihrem Seelenheil auf Dauer nicht gut bekommt. Vielleicht gelingt es Ihnen, die entspannte Grundhaltung, die Ihr Begleiter hat, hin und wieder zu übernehmen.

Quelle: Schmelcher-Neff, v. Münchhausen, Weissman: Persönliche Strategie, mi Verlag, S. 111 – 112; dort zitiert nach Vera F. Birkenbihl, Freude durch Stress, S. 74-76.

Erst mal besser kennenlernen!

Bevor es darum geht, Tricks und Strategien zu lernen, die uns den Umgang mit dem inneren Schweinehund erleichtern, ist es zunächst hilfreich, wenn wir unseren Schweinehund selbst etwas besser kennenlernen. Seine Aktionsfelder sind so vielfältig wie seine Sabotagetechniken und natürlich von Mensch zu Mensch ganz verschieden. Finden Sie heraus, wo Ihr persönliches Exemplar besonders aktiv ist.

Schweinehunde sind ja als sehr eitle Tiere bekannt und würden sich eigentlich jede Art von Einteilung oder Klassifizierung verbitten. Ihrer Auffassung nach ist jede Schweinehund-Tätigkeit gleich wertvoll, Hauptsache, sie hält den Menschen von irgendetwas ab, das er sich vorgenommen hat. Aber natürlich können auch Schweinehunde nicht verhindern, dass sich ihre Menschen ein paar Gedanken machen, und so haben repräsentative Umfragen bei Schweinehund-Besitzerin-

nen und -Besitzern einige besonders beliebte Tätigkeitsfelder der Schweinehunde ergeben – sozusagen die **TOP 5 der Schweine-hund-Projekte:**

Platz 5: Ganz allgemein – Neues anpacken

Schweinehunde schätzen das Unbekannte, Neue nicht sonderlich – sie fürchten sich einfach vor Veränderung, sind mit dem Bekannten und Erreichten eigentlich ganz zufrieden und sehen nicht ein, warum sie ihre bequeme Schonhaltung im warmen Körbchen aufgeben sollten. Und so hindern sie uns mit Leibeskräften daran, einen Fortbildungskurs zu machen, obwohl wir ihn für unseren nächsten Karriereschritt brauchen könnten. Und sie halten uns davon ab, eine Fremdsprache zu lernen, obwohl die Essensbestellung im Urlaub immer wieder ziemlich danebengeht. Und den großen Traum vom souverän beherrschten Musikinstrument? Da braucht es nicht viel, um den zu torpedieren: »Wie willst du denn das neben Beruf und Familie noch schaffen? Du kommst ja nicht mal dazu, eine CD zu hören.«

Platz 4: Projekte planen, angehen und durchziehen

O ja, hier sind sie mit ihrer Sabotage besonders gut, die Schweinehunde. Eine große Anzahl von Zeitmanagement-Seminaranbietern und Zeitplanungssystem-Erfindern dankt es ihnen. Wenn es darum geht, uns von Projekten abzuhalten und jeden Planungsversuch zu einem wachsweichen »Dann werden wir mal sehen, wie wir das hinbekommen … wird schon gehen« werden zu lassen, treten sie sofort und ohne jede Verzögerung in Aktion. Und wenn sie auch sonst immer sehr betulich agieren und alles auf die lange Bank schieben: Hier verfallen sie selbst sehr selten der sonst so geschätzten Aufschieberitis und zeigen großen Ideenreichtum.

Platz 3: Aufräumen, Entrümpeln

Hier nimmt der Schweinehund eine etwas unangenehme Doppelrolle ein. Denn er hindert uns nicht nur daran, mal für etwas mehr Ordnung zu sorgen – oft ist er auch dafür verantwortlich, dass sich der ganze Krempel überhaupt ansammelt. Denn als Spezialist für Wohlfühleinheiten weiß er: Shoppen schafft – zumindest vorübergehend – gute Gefühle und ein Haufen Gerümpel kann ein schönes Gefühl von Sicherheit und Geborgenheit vermitteln. Leider verfährt er hier nach der Methode »Mehr ist mehr« … und wenn es uns dann langsam selbst zu viel wird, muss er nur einen seiner wirksamsten Sätze auspacken: »Das könnte man aber vielleicht doch noch mal irgendwann brauchen!« … und schon ist jeder gute Vorsatz, Ordnung zu schaffen, dahin.

Platz 2: Gesundheit, Fitness, Bewegung

Platz 1 und 2 liegen in diesen TOP 5 sehr eng beieinander – in beiden Bereichen erreichen die Schweinehunde Höchstleistungen. Im Bereich Fitness und Bewegung machen wir es ihnen häufig sogar besonders leicht. Denn zum einen braucht es – zumal in der Anfangsphase – für beinahe jede Art sportlicher Betätigung ein besonderes Maß an Selbstüberwindung. Wer jahrelang mit seinem Schweinehund auf der Couch das allabendliche Fernsehprogramm genossen hat, für den

bedeutet es natürlich eine besondere Herausforderung, noch ein paar Runden auf dem Fahrrad oder dem Joggingpfad zu drehen. Der Schweinehund muss dann nicht viel tun, um den guten Vorsatz ins Wanken zu bringen. Und zum anderen sind die negativen Folgen mangelnder Bewegung am Anfang nicht so stark zu spüren – erst wenn es zu massiveren Problemen kommt, wächst auch der Leidensdruck, den viele Menschen brauchen, um aktiv zu werden. Und der dann auch so manchen Schweinehund dazu bringt, sich ein wenig mit den gefährlichen Folgen seines faulen Lebens zu beschäftigen.

Platz 1: Abnehmen

And the winner is: Abnehmen, Diät, gesunde Ernährung. Das nun freilich hätte man sich fast denken können. Denn die Unmenge an Literatur, die es zu diesem Themenkomplex gibt, lässt ja schon länger den Verdacht keimen, dass es da möglicherweise geheime Absprachen zwischen Verlagen und der Schweinehund-Gewerkschaft gibt – so eine Art Beschäftigungssicherungspakt für beide Seiten. Das besonders Schweinehundfreundliche an der Diät ist dabei der sogenannte Jojo-Effekt, der dafür sorgt, dass die mühsam heruntergehungerten Pfunde umso schneller wieder da sind – und meist sogar noch ein oder zwei mehr. Da scheint natürlich einer der Hauptsätze der Schweinehund-Mathematik zuzutreffen: »Bringt doch eh nichts!« Und gerade

deswegen wird Abnehmen wohl auf der Hitliste der Schweinehund-Aktivitäten ganz oben geführt.

Und was macht Ihr Schweinehund so?

Und wie steht es mit Ihrem ganz persönlichen Schweinehund? Nehmen Sie sich doch jetzt gleich ein paar Minuten Zeit und überlegen Sie sich, in welchen Bereichen Ihres Lebens Ihr Schweinehund besonders aktiv ist. Damit Ihr Schweinehund jetzt nicht gleich sagt: »Ach nein, überlegen ist doch so anstrengend, da fällt mir sicher nichts ein«, finden Sie auf den folgenden Seiten (ab Seite 30) eine Auswahl besonders beliebter Schweinehund-Aktivitätsfelder. Die Einteilung folgt dabei einem Modell, das der iranische Arzt Nossrat Peseschkian entwickelt hat. Er fand bei seinen

Forschungen zu den Bereichen, die für ein glückliches und erfülltes Leben besonders wichtig sind, vier tragende Säulen:

● Beruf und Finanzen
● Gesundheit und Fitness
● Familie und soziale Kontakte
● Sinn und Kultur

Einzelheiten zu diesem System erfahren Sie weiter unten auf Seite 89 ff.; hier soll es zunächst einmal die Suche nach den Schweinehunden in Ihrem Leben erleichtern. Natürlich hat jeder Mensch einen ganz individuellen Schweinehund und so erhebt diese Aufzählung auch keinen Anspruch auf Vollständigkeit. Sie haben daher die Möglichkeit, Ihre persönlichen Schweinehund-Bereiche zu ergänzen.

Aber nicht zu einseitig!

Wenn Sie sich nun ein wenig Gedanken über Ihren Schweinehund machen, so hat das übrigens noch einen weiteren Grund: Sie werden dabei nicht nur Bereiche finden, in denen der Saboteur besonders aktiv ist, sondern auch solche, in denen Sie überhaupt keine Probleme mit ihm haben (während andere Menschen vielleicht gerade dort am meisten mit ihm ringen). Und das ist eine Erkenntnis, die genauso wichtig ist wie das Wissen um die Aktionsfelder Ihres Schweinehundes: Dass es auch eine ganze Menge Bereiche in unserem Leben gibt, die rei-

bungslos funktionieren. Dass es eine Menge Herausforderungen gibt, die wir täglich problemlos meistern, bei denen uns der Schweinehund überhaupt nicht in die Quere kommt.

Dass es eine Menge Bereiche in unserem Leben gibt, die richtig gut funktionieren: Die starke Fokussierung auf das, was gerade mal nicht klappt, lässt uns unser restliches Leben sehr gefiltert wahrnehmen. Und so haben wir uns daran gewöhnt, dass wir selbst gesund sind, einen gesunden und liebenswürdigen Partner und ebensolche Kinder haben, dass uns unser Beruf – trotz aller Probleme – Spaß macht und ernährt und wir das Glück haben, in einer Region zu leben, die schon lange keinen Krieg mehr gesehen hat. Im übrigen ist es schön warm (und im Sommer klimaanlagengekühlt frisch), es regnet nicht rein, und wir haben auch noch genügend zu essen – aber: Wir sehen die eine falsche Rechnung, die uns Sorgen macht und den Blick trübt.

Leider vergessen wir das häufig. Entwicklungsbiologisch ist dieser Mechanismus erklärbar (siehe Know-how-Kasten Seite 34), aber es ist für unser Selbstwertgefühl, unser Selbstbewusstsein und unsere Lebenszufriedenheit hilfreich, sich diese Fokussierung auf »die eine falsche Rechnung« immer wieder vor Augen zu führen und sich bewusst zu machen, dass da eben auch »neun richtige Rechnungen« sind.

HIER REGIERT IHR SCHWEINEHUND

Test

Machen Sie Ihren Saboteur dingfest! Wo kämpfen Sie besonders mit Ihrem Schweinehund? Und wo nicht? Nehmen Sie sich jetzt ein paar Minuten Zeit und kreuzen Sie jeweils an, wie stark Sie Ihr innerer Schweinehund in den einzelnen Bereichen ärgert.

Lebensbereich	Mein Schweinehund sabotiert mich			
	eher häufig	manchmal	eher selten	nie
I. Berufsleben und Finanzen				
Die Steuererklärung machen				
Meine Finanzen klären, eine Finanzplanung machen				
Geschäftliche E-Mails beantworten				
Computerprobleme angehen/ die Dateiablage ordnen				
Ein berufliches Projekt durchziehen (z. B. eine Präsentation erstellen)				
Eine berufliche Entscheidung treffen (z. B. Arbeits- platzwechsel)				
Sich einer neuen beruflichen Herausforderung stellen (z. B. Teamleitung)				
Sich beruflich weiterbilden				
Ein Projekt vor einer größeren Gruppe von Kollegen/Kunden vorstellen				
Die eigene Position konsequent gegenüber Vorgesetzten vertreten				
Für einen Kollegen Partei ergreifen gegenüber Kollegen und Vorgesetzten				
Hilfe in Anspruch nehmen, wenn die eigenen Fähigkeiten nicht ausreichen				

Lebensbereich	Mein Schweinehund sabotiert mich			
	eher häufig	manchmal	eher selten	nie
Konsequente Zeitplanung und Kontrolle der Planung				
Die Ablage abarbeiten				
Loyal und integer gegenüber Vorgesetzten und Kollegen bleiben				
II. Privatleben: Familie, Haushalt, soziale Kontakte				
Keller, Speicher, Garage entrümpeln				
Generell: Ordnung halten				
Den Garten in Schuss halten bzw. die Balkon-pflanzen pflegen				
Briefschulden abarbeiten				
Unangenehme Telefonate führen				
Schon lange aufgeschobene Besuche erledigen				
Selbst Einladungen aussprechen				
Sich endlich mit dem Computer beschäftigen ...				
... oder umgekehrt: weniger Zeit im Internet und mit Computerspielen verbringen				
Beziehungsfragen klären				
Auseinandersetzungen mit Kindern oder Eltern klären				
Einen längst fälligen Wohnungswechsel angehen				
Eine lange gewünschte Reise in Angriff nehmen				
Eine freie Rede vor Publikum halten				
Die eigene Meinung konsequent vertreten oder für jemanden Partei ergreifen				
Sich auch mit seinen Schwächen zeigen				
Entliehene Sachen zurückgeben				

Test

Lebensbereich	Mein Schweinehund sabotiert mich			
	eher häufig	manchmal	eher selten	nie
Gegenüber Familienangehörigen, dem Partner und Freunden ehrlich sein				
III. Gesundheit und Fitness				
Eine Diät durchhalten				
Sich gesünder ernähren				
Mehr Sport treiben, z. B. Jogging, Schwimmen				
Routinechecks beim Arzt durchführen, Vorsorge- untersuchungen wahrnehmen				
Aufgeben ungesunder Gewohnheiten, z. B. Rauchen, zu viel Alkohol				
Hin und wieder aufs Auto verzichten und zu Fuß gehen				
IV. Kultur, Weiterbildung, Lebenssinn				
Weniger fernsehen, mehr lesen				
Regelmäßig (oder zumindest mal wieder) ein Konzert besuchen oder ins Theater oder Kino gehen				
Eine Ausstellung besuchen				
Einen Tanzkurs machen, ein Musikinstrument lernen oder einen Sprachkurs machen				
Sich Gedanken über seine Lebensvision machen				
Auch mal innehalten und ruhen				
Ein Ausbildungsprojekt zum Abschluss bringen – z. B. die Diplom- oder Magisterarbeit				
Sich in der Politik, im sozialen Bereich oder im Umweltschutz engagieren				
Einfach mal nichts tun				

Lebensbereich	Mein Schweinehund sabotiert mich			
	eher häufig	manchmal	eher selten	nie
V. Und hier begegnet mir der Schweinehund auch noch – oder auch nicht				

Nun haben Sie sich eine ganze Menge Gedanken über Ihren Schweinehund gemacht – um den Überblick nicht zu verlieren, können Sie hier jetzt die fünf Bereiche, in denen Sie Ihr Schweinehund am häufigsten oder spürbarsten attackiert, herausschreiben. Notieren Sie sich bitte aber auch die Bereiche, in denen Sie nie mit Ihrem Schweinehund zu tun haben ... damit Sie die »neun Richtigen« nicht aus dem Blick verlieren.

Die fünf Bereiche, in denen mein Schweinehund mich besonders häufig und/oder unangenehm sabotiert:

1.
2.
3.
4.
5.

Die fünf Bereiche, in denen mich mein Schweinehund (fast) immer in Ruhe lässt:

1.
2.
3.
4.
5.

NUR EINE FALSCHE

Sehen Sie sich bitte einmal die folgenden zehn einfachen Rechnungen an:

- $8 + 3 = 11$
- $39 - 5 = 34$
- $17 + 4 = 21$
- $12 - 3 = 9$
- $80 - 18 = 62$
- $3 + 9 = 12$
- $17 - 9 = 11$
- $9 + 9 = 18$
- $15 - 2 = 13$
- $2 + 2 = 4$

Fällt Ihnen etwas auf? Mit ziemlich großer Wahrscheinlichkeit werden Sie sofort sagen: Ja, klar, da ist eine Rechnung falsch! (Richtig: 17 minus 9 ist 8, nicht 11.) Zahlreiche Seminar- und Vortragsteilnehmer haben diese einfache Aufgabe schon vor sich gehabt und immer – aber wirklich immer – ist die Reaktion: Da ist eine Rechnung falsch.

Andererseits: Da sind auch neun Rechnungen richtig ... Bei so vielen richtigen Ergebnissen ist die Wahrscheinlichkeit doch eigentlich gar nicht so gering, dass man zunächst die neun richtigen Rechnungen erwähnt. Trotzdem ist die Fokussierung auf die eine falsche Rechnung für die Entwicklung und das Überleben der Menschheit sinnvoll: Denn Jahrmillionen war es für den Menschen und seine Vorläufer nun mal sehr wichtig, Gefahren rechtzeitig zu erkennen – nur so konnte das Überleben in der Wildnis gesichert werden. Und auch heute noch entscheidet zum Beispiel im Straßenverkehr genau diese Fokussierung auf die eine »falsche Rechnung«, ob wir heil zu Hause ankommen oder der Haftpflichtversicherung zur Last fallen. Denn auch wenn wir uns über die vielen Verkehrsteilnehmer, die richtig abbiegen, freuen können: Erkennen müssen wir den einen, der uns die Vorfahrt nimmt, und zwar in Bruchteilen von Sekunden. So ist unser verengtes Blickfeld für unsere Sicherheit durchaus sinnvoll – wenn es aber um unsere Zufriedenheit geht, sollten wir häufiger den Blick etwas weiten und die vielen positiven Dinge wahrnehmen.

Was also tun?

Eigentlich ganz einfach. Es gilt die alte Weisheit: Wenn du deinen Gegner nicht besiegen kannst, dann verbünde dich mit ihm. Der Schweinehund unbesiegbar? Es sieht zumindest ganz danach aus, schließlich hat er die Kämpfe der vergangenen Jahrtausende weitgehend unbeschadet überstanden. Also muss eine andere Strategie her: Kooperation statt Konfrontation. Und das ist gar nicht so schwer.

Manchmal hat man den Eindruck, das alles sei ein großes, tragisches Missverständnis. Seit Jahrtausenden leben Mensch und Schweinehund nun schon nebeneinander her, sind untrennbar miteinander verbunden, können nicht ohneeinander, aber eben auch nicht miteinander. Mensch und Hund, Mensch und Katze, überhaupt: Mensch und Haustier – die verstehen sich, und wenn's mal nicht klappt, hilft uns eine Fülle von Büchern, die Psyche unserer Begleiter zu erklä-ren. Und wenn es gar nicht funktioniert, geht's zum Tierpsychologen – der therapiert dann Frauchen oder Herrchen gleich mit. Aber Mensch und Schweinehund?

Disziplin, eiserne Disziplin!

Der Umgang mit dem inneren Schweinehund ist leider immer noch sehr von Unsicherheit und natürlich auch Unkenntnis geprägt. Und obwohl die meisten Menschen sehr genau wissen, an welchen Stellen ihr innerer Schweinehund immer wieder zubeißt, und dabei meist auch erkennen, dass dies ganz unterschiedliche Auslöser haben kann, haben die meisten von uns doch im Wesentlichen nur ein Mittel parat, um dieses Problems Herr zu werden: Disziplin! Kommt die Rede auf den inneren Schweinehund, so dauert es meist nicht lange, bis die Sprache in kriegerische Kampfesrhetorik abgleitet. Der Schweinehund muss »bekämpft« und »überwunden« werden, man legt ihn »an die Kette«, sperrt ihn ein – und mit genügend »Härte und Strenge« gegen sich selbst hat er sowieso keine Chancen … »Wenn ich etwas wirklich will, ziehe ich das mit Disziplin und Härte durch«, glaubt der Mensch. Und der Schweinehund jault ob der rüden Behandlung leise auf und grinst im Übrigen dazu. Hat er doch bei einer solch unangemessenen Behandlung jede Berechtigung zum Gegenschlag.

Disziplin schlägt zurück

Mit den besonders disziplinierten Menschen habe ich oft die geringsten Probleme – seit ich herausgefunden habe, dass ich bei ihnen eigentlich einen prima Job habe: Ich muss sie nur machen lassen, selbst eingreifen ist gar nicht nötig. Die Sprüche kenne ich schon: »Ab morgen wird abgenommen, und zwar richtig!« – »Jetzt packe ich aber endlich mal den Jobwechsel an!« – »Ab jetzt wird alles ganz anders – wenn ich mich zusammenreiße, schaffe ich das auch.« Wenn ich gut drauf bin, rede ich meinem Menschen dann auch noch gut zu: »Ja, genau, so ist es richtig, mach nur!« Denn ich weiß ganz genau: Hier fehlt die gesunde Portion Realismus. Nur mit Disziplin allein funktionieren solche Vorhaben vielleicht ein oder zwei Wochen, bestenfalls einen Monat lang. Was fehlt, sind ein realistischer Plan, Ziele und eine Erfolgskontrolle. Das habe ich schon lange erkannt – aber ich werde mich natürlich hüten, etwas zu sagen. Sonst wird mein Job am Ende doch noch anstrengend.

Kooperation statt Konfrontation

Es sieht also ganz danach aus, dass im Umgang mit dem inneren Schweinehund neue Wege beschritten werden sollten. Wir können den Schweinehund nicht dauerhaft mit Disziplin und Selbstüberwindung bekämpfen, wir können aber auch nicht vor ihm weglaufen oder ihn vertreiben. Andererseits liegt die Lösung auch nicht in der Kapitulation. Denn Schweinehunde sind mit ihrer permanenten Verweigerungshaltung kaum in der Lage, sich selbst zu organisieren. So würde die Kapitulation über kurz oder lang wohl zu chaotischen Zuständen führen.

Schritt 1: Annehmen statt bekämpfen

Erinnern wir uns noch mal: Der Schweinehund, so hatten wir zu Beginn dieses Kapitels herausgefunden, ist ein Teil unserer Persönlichkeit. Die Frage lautet nun: Ist es wirklich sinnvoll, diesen Teil von uns selbst ein ganzes Leben lang zu bekämpfen? Denn damit bekämpfen wir letztlich uns selbst! Wenn man das ein ganzes Leben lang macht, kann das nicht nur anstrengend werden, sondern auch negative Folgen für unsere Persönlichkeit haben. Wenn es Ihnen dagegen gelingt, den inneren Schweinehund als notwendigen Teil der eigenen Persönlichkeit zu erkennen und anzunehmen, dann liegt in dieser Erkenntnis

eine große Chance: Sie können diesen Teilaspekt Ihrer Persönlichkeit neben die vielen anderen Teilaspekte stellen, die Ihre Persönlichkeit auch ausmachen. Sie haben eben nicht nur den schweinehündischen Teil in sich, sondern daneben zum Beispiel auch noch einen planenden, einen disziplinierten, einen strategischen, einen kreativen, einen fröhlichen und einen traurigen Anteil. Alle Teile stehen mehr oder minder gleichbedeutend und gleichberechtigt nebeneinander und es gibt dabei keine besseren oder schlechteren.

Sie sind kein Schweinehund!

Und damit wird noch ein weiterer wichtiger Aspekt deutlich: Sie und Ihr Schweinehund sind nicht identisch! Sie haben vielleicht einen, aber Sie sind selbst keiner! Der Schweinehund ist als Teil Ihrer Persönlichkeit nicht stärker oder schwächer als andere Teile – er drängt sich nur manchmal etwas mehr in den Vordergrund, er nimmt sich einfach manchmal zu wichtig – und wir glauben dann gern, wir seien mit ihm identisch. Aber das ist ein weit verbreiteter Irrtum! Denn wenn Sie den Schweinehund als das annehmen, was er ist – eine von vielen Facetten Ihrer Persönlichkeit –, dann haben Sie eine realistische Chance, gut mit ihm zu leben, auch seine positiven Seiten anzuerkennen und ihn vielleicht sogar zum Freund zu machen.

Schritt 2: Verständnis fördert die Freundschaft

Was im Verhältnis der Völker zueinander gilt, hat auch für die Beziehung zu Ihrem inneren Schweinehund Gültigkeit: Verständnis fördert die Freundschaft. Für den Umgang mit ihm ist es hilfreich zu wissen, wo und vor allem wie er einen immer wieder austrickst und sabotiert. Werden Sie also Spezialist in Sachen Schweinehund und damit letztlich: in eigener Sache. Mit dem Test auf Seite 30 ff. haben Sie bereits herausgefunden, bei welchen Tätigkeiten Sie für die Attacken Ihres Schweinehundes besonders empfänglich sind. Sie konnten aber auch erfahren, wo Sie überhaupt keine Probleme mit ihm haben. Zu wissen, wo er Sie sabotiert, ist aber nur die halbe Erkenntnis.

Tricks und Taktiken analysieren

Ebenso wichtig ist es, sich mehr Klarheit darüber zu verschaffen, auf welche Art und Weise der innere Schweinehund arbeitet – also seine Sabotagetechniken kennenzulernen. Hier gilt: So groß der innere Schweinehund auch sein mag – seine Trickkiste ist immer noch ein Stückchen größer. Je klarer Sie sich über diese Techniken werden, die schon in zeitlicher Hinsicht an ganz unterschiedlichen Punkten eines Vorhabens ansetzen können, desto eher haben Sie die Möglichkeit,

Meine Nische ist mir wichtig

Manchmal merkt man, dass ich eigentlich ein Höhlentier bin. Meine kleinen Nischen sind mir wichtig! Hier kann ich einfach so sein, wie ich bin, und muss mich nicht verstellen. Es hilft, wenn Sie mich in diesen Nischen ab und zu auch gewinnen lassen. Nicht, dass ich bestechlich wäre, wirklich nicht! Aber ich kann mir gut vorstellen, dass der eine oder andere Sieg meine Kompromissbereitschaft in anderen Angelegenheiten fördert. Nebenbei bemerkt: Meist meine ich es ja nur gut mit Ihnen. Zugegeben, manchmal sabotiere ich Sie auch aus purer Bequemlichkeit. Dieses Joggingprogramm neulich war mir einfach zu anstrengend, da musste ich einschreiten. Aber häufig bin ich ein bisschen klüger, als Sie denken … und möchte einfach nur signalisieren: Vorsicht! Nicht übertreiben!

seinen Angriffen zuvorzukommen. Dabei ist es wichtig zu wissen, dass es **den** Schweinehund natürlich nicht gibt. Schweinehunde sind so unterschiedlich wie ihre Menschen, sie werden von ganz unterschiedlichen Motiven geleitet und sind damit in ihren Hand-

lungsweisen auch ganz verschieden. Im zweiten Kapitel dieses Buches werden Sie daher Methoden erfahren, mit denen Sie Ihren Schweinehund besser kennenlernen können – nicht nur seine Tricks und Taktiken, sondern auch seine Motive und Einstellungen.

Schritt 3: Machen Sie Ihren Schweinehund zum Verbündeten – beziehen Sie ihn ein

Setzen Sie Ihrem Schweinehund also vernünftige Grenzen. Akzeptieren Sie ihn als notwendigen und völlig normalen Teil Ihrer Persönlichkeit. Und nutzen Sie ihn als Coach für Ihre Vorhaben und Unternehmungen. Jetzt fragen Sie sich vielleicht, ob Sie damit nicht den Bock zum Gärtner machen. Aber das ist nicht der Fall, solange Sie selbst das Ruder in der Hand behalten. Sie wissen ja inzwischen: Ihr Schweinehund verkörpert in Ihnen die Seite, die für Wohlergehen und Muße zuständig ist, die auch mal Lust hat, sich gehen zu lassen, faul und unvernünftig zu sein, oder spontan irgendwelchen Impulsen nachgeben will. Wenn diese Eigenschaften in einem ausgeglichenen Verhältnis zu Ihrem Leistungswillen und Ihrer Selbstdisziplin stehen, kann das ja sehr positiv für Sie sein – schützt Sie Ihr innerer Schweinehund so doch vor Überlastung und sorgt dafür, dass Sie immer wieder ausreichend regenerieren. Und genauso, wie hinter diesen Sabotageakten der Marke »Lass doch mal fünf gerade sein« eine positive Absicht steckt, so können sich auch hinter vielen anderen Tricks und Taktiken Ihres Schweinehundes wohlmeinende Absichten verbergen. Fragen Sie Ihren Schweinehund, was er mit seinen Handlungen erreichen will, und berücksichtigen Sie seine Wünsche bei Ihrer Planung. Wenn Sie ihn so zum Coach für Ihre Aktionen machen, dann können Sie ein richtig gutes Team werden, Sie und Ihr innerer Schweinehund.

SO PACKEN SIE IHREN SCHWEINEHUND

1. Annehmen

Der Schweinehund ist ein Teil von Ihnen. Hören Sie auf, ihn zu bekämpfen, Sie führen sonst einen aussichtslosen und anstrengenden Kampf gegen sich selbst.

2. Verstehen

Lernen Sie Ihren Schweinehund besser kennen: Finden Sie heraus, wo und wie er Sie sabotiert.

3. Einbeziehen

Machen Sie Ihren Schweinehund zum Berater. Nehmen Sie seine Einwände ernst; je mehr Sie sich um sie kümmern, desto eher wird er Sie in Ruhe lassen.

Verständnis för-
dert Freundschaft

In diesem Kapitel werden Sie Ihren inneren Schweinehund ein wenig ins rechte Licht setzen – er mag es, wenn er im Mittelpunkt steht, also wird er Sie nicht davon abhalten. Sie werden seine Sprache sprechen lernen und erfahren, welche Lügenmärchen er Ihnen immer wieder auftischt. Am Ende des Kapitels werden Sie ihn wesentlich besser kennen als vorher.

Erst mal die Sprach-barriere überwinden

Kommunikation ist die Basis jeder Beziehung. Das gilt auch für die Beziehung zu Ihrem Schweinehund. Leider ist die Beziehung Mensch – Schweinehund immer noch von vielen (nicht nur) sprachlichen Missverständnissen geprägt, obwohl man sich doch eigentlich schon so lange kennt. Nötig wäre das nicht! Warum es trotzdem manchmal leichter erscheint, altägyptische Zeichen zu entziffern, als den inneren Schweinehund zu verstehen, erfahren Sie auf den folgenden Seiten.

Im Umgang mit Ihrem inneren Schweinehund ist Verständnis die halbe Miete! Von entscheidender Bedeutung ist, sich mit der Arbeitsweise des inneren Saboteurs vertraut zu machen, also seine Tricks und Taktiken besser kennenzulernen. Man könnte das fast mit der Arbeit am Computer vergleichen: Eine ganze Menge kann man bei diesem Kasten schon erreichen, wenn man weiß, a) wie er überhaupt startet, b) wie das aufgerufene Programm funktioniert und c) wie er wieder ausgeht. Aber das ist nur die Oberfläche. Wenn's nämlich mal hakt, wenn also zum Beispiel nach dem Starten das aufgerufene Programm einfach nicht laufen will, wird's schwierig. Gut, wenn man dann einen Computerfachmann zu Hilfe rufen kann. Schlecht, wenn so jemand nicht verfügbar ist. Dann zahlt es sich aus, wenn man nicht nur die oberflächliche Funktionsweise beherrscht, sondern auch ein wenig Ahnung von den Funktionsweisen des Systems hat.

Muster erkennen – vom Schweinehund-Besitzer zum Schweinehund-Versteher

Nun ist Ihr Schweinehund kein Computer, der immer nach streng logischen und nachvollziehbaren Regeln funktioniert. Und deshalb, werden Sie jetzt vielleicht einwenden, ist es auch sehr schwierig, den Schweinehund richtig zu verstehen und nicht nur das Ergebnis seiner Aktionen zur Kenntnis zu nehmen, das meist im Scheitern eines Vorhabens besteht. Richtig! Aber dennoch ist es möglich herauszubekommen, wie Ihr individueller Schweinehund agiert, welche Tricks und Taktiken er zur Anwendung bringt. Hilfreich ist dafür zum einen der Umstand, dass Schweinehunde Meister der Arbeitsvermeidung sind: Sie werden so lange keine neuen Taktiken und Strategien entwerfen, solange die alten funktionieren. Und da hat sich in den vergangenen Jahrhunderten ein Sortiment an Tricks und Taktiken herausgebildet, das nach wie vor vorzüglich funktioniert. Es wird zwar hin und wieder ein wenig variiert, die dahinterstehenden Grundmuster sind aber immer dieselben. Diese unbewussten Muster zu erkennen und den Umgang damit zu lernen ist eine der wichtigsten und wirksamsten Strategien auf dem Weg zu einem besseren Verständnis für Ihren Schweinehund und damit auch zur Selbststeuerung. Es besteht also mehr als begründete Hoffnung, der Schweinehunde Herr zu werden. Schließlich lebt es sich einfacher, wenn man einander versteht.

Alles beim Alten?

Ach ja, die Sprüche kenne ich. Mich verstehen wollen! Da könnte ja wirklich jeder kommen. Inzwischen versuchen es tatsächlich immer mehr Leute … Ich lese und höre das natürlich alles – ein hervorragendes Unterhaltungsprogramm für lange Winterabende. Oft auch gar nicht mal so schlecht gemacht – aber natürlich alles wirkungslos. Neulich hat sogar jemand versucht, mich ein bisschen in die Esoterik-Ecke zu verpflanzen: Wir fassen uns alle an den Händen und denken ganz fest an den Schweinehund. Also da gehöre ich nun wirklich nicht hin. Ich werde mir auch das, was hier kommt, mal wieder mit Interesse anhören … und dann ohne Hektik entscheiden, welche Sabotagetechnik diesmal am besten passt. Obwohl ich zugeben muss, dass das bisher nicht mal so unvernünftig geklungen hat. Ich muss also aufpassen!

Ich bin Ihre Software

*Der Vergleich gefällt mir wirklich gut:
Ich als Schweinehund stelle sozusagen
die Software für meinen Menschen
parat. Die Hardware ist ja immer dieselbe: Kopf, Körper, ein paar Organe
und ein Gehirn. Auch das Betriebssystem ist vorgegeben – die Lebenserhal-
tungsfunktionen laufen bei allen gleich
ab. Aber der Feinschliff, die speziellen
Verhaltensmuster in bestimmten Situationen, gehörten zu meinem Zustän-
digkeitsbereich. Natürlich kann ich
nicht alles selbst machen – es spielen
auch noch eine Menge andere Faktoren, wie zum Beispiel die Umwelt und
die Erziehung, eine Rolle. Aber an entscheidenden Punkten wirke ich mit: Ich
kann das Betriebssystem in bestimmte
Richtungen programmieren, spezielle
Tools einpflegen und auch den einen
oder anderen Virus einschleusen. Und
genauso wie bei meinen großen Soft-
warevorbildern (Namen nenne ich jetzt
lieber nicht) sind auch in meinen Pro-
grammen Fehler enthalten. »Produkt
reift beim Kunden«, der Spruch gefällt
mir. Fachleute nennen das übrigens
Konditionierung … Soll mir recht sein,
dann fällt nicht auf, dass eigentlich ich
als Schweinehund dahinterstecke.*

Der Geheimcode der Schweinehunde

Wer schon einmal versucht hat, ganz ohne
Sprachkenntnisse (und auch ohne die Möglichkeit, auf den Notnagel Englisch auszuwei-
chen) in einem zwar schönen, aber fremden
Land eine warme Mahlzeit zu bestellen, weiß
bestimmt, dass das reale Ergebnis auf dem
Teller manchmal von dem Gewünschten erheblich abweicht. Und wer schon einmal vor
der Herausforderung stand, beruflich in einem anderen Land zu tun zu haben, musste
vielleicht die Erfahrung machen, wie schwierig Kommunikation sein kann, wenn man
nicht in der Lage ist, die vielen verbalen und
auch nonverbalen Signale seines Gegenübers
richtig einzuordnen.

Wenn Sie gemeinsam mit Ihrem Schweinehund an ein Ziel kommen wollen, wenn Sie ihn besser verstehen und seine Sabotagetechniken kennenlernen wollen, ist es in der Tat erforderlich, erst einmal seine Sprache zu verstehen. Sonst bleiben alle gut gemeinten Versuche auf halber Strecke stehen. Schweinehunde sind Meister in der Kategorie Tarnen und Täuschen – beinahe alle Exemplare ihrer Gattung würden in dieser Hinsicht auch gute Agenten abgeben. Sie können sich nicht nur hervorragend verstecken; sie sind nicht nur äußerst kreativ im Erfinden von Tarnungen und Ausreden. Nein, sie sind auch in der Lage, ihre Sabotageakte so geschickt einzufädeln, dass Sie gar nicht merken, dass sich dahinter wieder mal Ihr Schweinehund verbirgt. Und einer der wichtigsten Bausteine seiner Tarnung ist sein Sprachcode. Werden Sie also erst einmal zum Sprachforscher in eigener Sache und entschlüsseln Sie die geheimen Botschaften und Lügenmärchen Ihres Schweinehundes, damit er nicht mehr hinter Ihrem Rücken agieren kann.

FREUD'SCHER VERSPRECHER: WENN DER INNERE SCHWEINEHUND ZUM VORSCHEIN KOMMT

Mit dem Begriff »Freud'scher Versprecher« wird heute eine sprachliche Fehlleistung bezeichnet, bei der eine bestimmte Ansicht des Sprechers unfreiwillig zutage tritt. Es hört sich so an, als ob man sich nur verspricht – hinter dem Versprecher kann jedoch ein Gedanke stecken, mit dem man sich schon länger beschäftigt hat, den man in der konkreten Situation aber eigentlich gar nicht preisgeben wollte. Ein bekanntes Beispiel für einen solchen Versprecher ist eine Äußerung des ehemaligen Bundeskanzlers Helmut Kohl, der nach einem Krisengespräch mit der FDP in einer Pressekonferenz mitteilte: »... wenn wir pfleglich miteinander untergehen ...« Sagen wollte er »umgehen«, aber die Krise war offenbar (vgl. »SPIEGEL Wissen«, Stichwort »Freud'scher Versprecher«) gravierender. An mancher Stelle könnte man allerdings auch den inneren Schweinehund als Urheber solcher Äußerungen vermuten. Nicht immer handelt es sich dabei um Versprecher. Wenn wir einen Vorsatz wirklich umsetzen wollen, uns dann aber nur »Ich werde mal versuchen, zu ...« sagen hören, gibt es da eine beträchtliche Unstimmigkeit zwischen dem, was wir vorhaben, und dem, was wir sagen. Vielleicht haben wir es doch nicht so ernst gemeint mit unserem Vorsatz und vielleicht hat uns der innere Schweinehund nur dabei geholfen, das auch zum Ausdruck zu bringen.

Know-how

45

Verständnis aktiviert Verantwortung

Es gibt noch einen weiteren Grund, warum es so wichtig ist, seinen Schweinehund richtig zu verstehen: Die täglichen Lügenmärchen, die er uns in seiner typischen Schweinehund-Sprache auftischt, machen es uns sehr leicht, uns als Opfer widriger Umstände zu sehen. Hat etwas nicht so geklappt, wie wir wollten, dann ist der Schweinehund der Erste, der uns dafür einen Schuldigen präsentiert. Und das können alle sein – nur nicht wir selbst! Die Möglichkeiten sind ja auch vielfältig und reichen von den Umständen, dem Schicksal, den Sternen über die fehlende Zeit und den vielen Stress bis hin zum Wetter, zu den lieben Kollegen oder der Familie – um nur mal die wichtigsten zu nennen. Der Mechanismus, der jetzt greift, ist tückisch und nur schwer aufzubrechen. Denn das Abwälzen der Verantwortung auf eine andere Sache oder Person macht aus dem eigentlich Gescheiterten ein Opfer – das nun jede Berechtigung hat, diese Rolle voll und ganz auszuschöpfen. Und der Schweinehund unterstützt uns dabei meist so tatkräftig, dass wir nicht einmal bemerken, mal wieder in die Opferrolle gefallen zu sein. Wir befinden uns gewissermaßen in einem geschlossenen System, und da dieses System meist unbewusst am Leben erhalten wird, können wir den Fehler, der uns zum Scheitern gebracht hat, nicht erkennen und folglich beim nächsten Mal auch nicht vermeiden … was dazu führt, dass wir ihn immer und immer wieder machen.

Die richtige Ausfahrt nehmen

Dieses System wird so lange ein geschlossenes bleiben, solange wir nicht erkennen, was da eigentlich abläuft. Erst wenn wir den Automatismus wirklich begreifen, werden wir in der Lage sein, die richtige Ausfahrt zu nehmen. Und das bedeutet konkret: uns selbst die Verantwortung für unser Scheitern einzugestehen. Erst dieses »Raus aus der Opferhaltung« und »Rein in die Verantwortung« ermöglicht uns, beim nächsten Mal eine andere Entscheidung zu treffen, also etwas für unser Leben zu lernen. Das wird nicht von selbst und auch nicht bei jeder Gelegenheit funktionieren. Je häufiger wir aber die Geheimsprache unseres Schweinehundes entziffern, je mehr unserer unbewussten Muster wir entschlüsseln, desto seltener werden wir die richtige Ausfahrt verpassen und desto häufiger werden wir Entscheidungen treffen, die zum Gelingen unserer Pläne beitragen.

Einen großen Erfolg kann man schon verbuchen, wenn man hin und wieder rückblickend erkennt, wo die Ausfahrt gewesen wäre. Das eröffnet die Chance, beim nächsten Mal aufmerksamer unterwegs zu sein und das versteckte Abzweigschild rechtzeitig zu erkennen.

An der Sprache werden Sie ihn erkennen

Erfreulicherweise gibt es auch bei den Schweinehunden Exemplare, die ein wenig wankelmütig sind: Ein besonders kooperationsbereiter Überläufer konnte dazu beitragen, wesentliche Teile der Schweinehund-Sprache zu entschlüsseln. Noch sind nicht alle Geheimnisse aufgedeckt, über manche sprachliche Grenzfälle streiten sich auch die Wissenschaftler, aber immerhin: Unsere Kenntnisse reichen aus, um einen Großteil der Schweinehund-Sabotagetechniken zu analysieren. Erstmals finden Sie hier nun eine Auflistung der wichtigsten Schweinehund-Ausdrücke mit einem Übersetzungsvorschlag in die deutsche Alltagssprache – der »Langenscheidt der Schweinehunde« sozusagen. Schlagen Sie nach:

ALSO SPRACH IHR SCHWEINEHUND ...

Das hören Sie:	Und das meint er eigentlich:
Das kann doch nun wirklich keiner. Das klappt nie! Wie soll denn das gehen? Das schaffe ich nicht.	1. Typische Formulierungen, welche die äußeren Umstände einbeziehen sollen (»Keiner!« »Nie!«), aber letztlich auf Sie selbst verweisen. Gemeint ist: Ich will eigentlich überhaupt nicht! Dazu kann ich mich jetzt aber wirklich nicht aufraffen.
Dazu habe ich jetzt wirklich keine Zeit!	2. Beliebter Satz, leider wird er meist falsch betont und der Nachsatz wird fast immer unterschlagen. Vollständige Fassung: »**Dazu** (genau zu dieser konkreten Tätigkeit) habe ich jetzt wirklich keine Zeit, weil mir **etwas anderes im Moment wichtiger** ist.«
Das macht man nicht! In fremde Angelegenheiten mische ich mich nicht ein.	3. Vermeintlich vorrangige, meist aber nur vorgeschobene Werte wie Rücksichtnahme oder Moral. Haben den Vorteil, weitgehend gesellschaftlich anerkannt zu sein, aber den großen Nachteil, uns in unseren eigenen Möglichkeiten erheblich einzuschränken. Übersetzung siehe unter 1.

Info

Das hören Sie:	**Und das meint er eigentlich:**
Ich müsste dringend mal … Eigentlich sollte ich mal wieder …	**4.** Sogenannte Konjunktivitis in schwerer Verlaufsform: Die Möglichkeitsform lässt dem Schweinehund sämtliche Hintertüren offen und hat ein hohes Maß an Unverbindlichkeit. Gemeint ist: Das lasse ich lieber gleich sein!
Ab morgen müsste ich wohl mal etwas früher aufstehen.	**5.** Steigerung zu 4. Konjunktivitis, verbunden mit Zeitpunkt in der Zukunft (»morgen«) und vagen Vorgaben (»etwas früher«). Unklar bleibt, wie viel früher, daher im Ergebnis nicht kontrollierbar und als Vorsatz unbrauchbar.
Man müsste hier endlich mal etwas mehr …	**6.** Steigerung zu 4 und 5. Ausweichen auf den großen Unbekannten »man« macht jegliche Übernahme persönlicher Verantwortung von vornherein überflüssig. Gemeint ist: Jeder andere, nur nicht ich!
Ich fange gleich an, aber erst mal noch a) Kaffee machen b) Staub saugen c) schnell die Zeitung durchsehen d) ……… [Platz für persönliche Vorlieben]	**7.** Bekannteste Form der Schweinehund-Sabotage: Aufschieberitis. Wird meist ohne Weiteres als Sabotage erkannt, aber trotzdem gern in Kauf genommen. Gemeint ist: Verschiebe ruhig auf übermorgen, was du auch heute besorgen könntest.
Das können andere doch viel besser! Geht mich nichts an! Nicht mein Verantwortungsbereich.	**8.** Spezielle Form der Sabotage, dennoch meist gut erkennbar: Leugnen jeglicher Verantwortung und Rückzug aus der Gefahrenzone. Gemeint ist: Sollen andere sich die Hände schmutzig machen, ich und mein Schweinehund, wir bleiben sauber.
Das haben wir noch nie so gemacht! Also da könnte ja wirklich jeder kommen! Lieber nicht, das kann gefährlich werden. … könnte schief gehen.	**9.** Appell an Bekanntes und Bewährtes – was nicht schlecht sein muss, aber oft den Blick auf Chancen und Entwicklungsmöglichkeiten verstellt. Gemeint ist: Nichts riskieren, nichts verlieren!
Mal sehen, vielleicht ist das zu machen. Versuchen wir mal, ein bisschen mehr Sport zu treiben.	**10.** Plan B der Schweinehunde, falls doch mal ein konkretes Vorhaben ansteht. »Versuch macht kluch«, sagt der Volksmund. Schweinehunde wissen es besser. Gemeint ist: Eigentlich will ich gar nicht.

Agent in eigener Sache

Und? Haben Sie bei der einen oder anderen Formulierung Ihren eigenen Schweinehund sprechen hören? Das ist prima, denn dann haben Sie schon eine erste wichtige Hürde genommen: Der Anfang für eine bessere Kommunikation mit Ihrem Schweinehund ist gemacht. Jetzt werden Sie ihn noch ein bisschen besser kennenlernen – und auch noch so manche typische Formulierung lesen, die Sie vielleicht schon mehr als einmal gehört haben.

Um Ihrem Schweinehund, der ja einen guten Geheimagenten abgeben würde, auf die Schliche zu kommen, ist es empfehlenswert, zu ähnlich geheimdienstlichen Mitteln zu greifen. In der Sprache des »Secret Service« würde man wohl sagen: Feindbeobachtung ist das Gebot der Stunde. Das klingt ein wenig martialisch, kommt der Wahrheit aber ziemlich nahe. Denn wenn Sie die Arbeitsweise Ihres kleinen Widersachers richtig verstehen, sind Sie eindeutig im Vorteil.

Nur Geduld!

Eines muss man allerdings unumwunden zugeben: Es wird ein bisschen dauern, bis man sämtliche Tricks seines Schweinehundes durchschaut hat. Die Beobachtungsphase kann also ein wenig Zeit in Anspruch nehmen und auch Geduld erfordern. Das dürfte der Grund sein, warum man in Agentenfilmen auf die Darstellung der Gegnerbeobachtung meist verzichtet – außer dem Erkenntnisgewinn passiert einfach nichts. Und so kommt es, dass die handelnden Personen in einem kurzen Treffen an einem möglichst ungewöhnlichen Ort vom Chef der Auslandsaufklärung zeitsparend in zwei Minuten über die wesentlichen Details unterrichtet werden. Sehr praktisch – und sehr unrealistisch! So bequem können wir es Ihnen leider nicht machen. Der Schweinehund weiß natürlich, dass Erkenntnisse über ihn nur schwer zu gewinnen sind, und fürchtet sich deshalb auch nicht sonderlich vor derartigen Ausforschungsversuchen.

Lügenmärchen in drei Phasen

Was Ihr Schweinehund allerdings noch nicht weiß: Sie haben diesmal einen nicht unerheblichen Vorteil, der ihm richtig gefährlich werden kann. Denn mit dem Wissen über seine häufigsten Lügenmärchen sind Sie ausreichend gewappnet, um seinen Angriffsstrategien entgegenzutreten. Und mit der Kenntnis über die Phasen seiner Sabotageakte werden Sie vollends zum »Schweinehund-Versteher«. Nehmen wir ein ganz einfaches Beispiel. Wenn Sie sich vornehmen: »Ab morgen möchte ich jeden zweiten Tag 20 Minuten Sport treiben«, dann lässt sich diese Entschlussfassung in drei Phasen unterteilen:

- Phase 1: vor dem Entschluss
- Phase 2: der Entschluss selbst
- Phase 3: die Umsetzung des Entschlusses

So viel schon mal vorweg: Der Schweinehund sabotiert Sie in allen drei Phasen nach Kräften. Für jede Phase hält er eine Fülle von Argumenten bereit, die er bei Bedarf im Sekundentakt abrufen kann. Ein aussichtsloser Kampf also, der schon entschieden scheint, bevor es richtig losgeht? Keineswegs! Schauen wir uns einmal die beliebtesten Lügenmärchen des Schweinehundes in den drei Phasen an. Seine Fantasie scheint keine Grenzen zu haben.

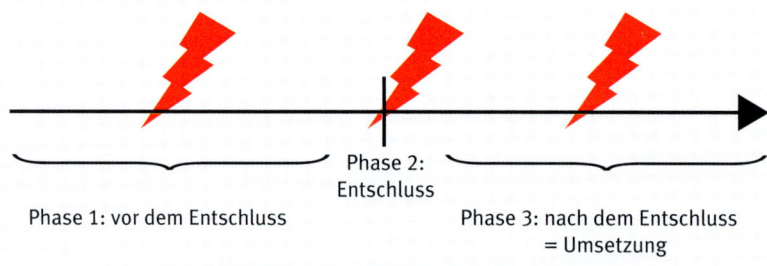

Phase 2:
Entschluss

Phase 1: vor dem Entschluss

Phase 3: nach dem Entschluss
= Umsetzung

Schweinehunds Märchenstunde vor dem Entschluss

Das Märchen von der Harmlosigkeit der Dinge
Der Inhalt – Kurzform: Es war einmal … ein sehr erfolgreicher, aber leider leicht übergewichtiger Manager (Body-Mass-Index 30), der eigentlich schon lange abnehmen wollte. Und auch das Rauchen aufgeben und weniger Wein trinken. Aber bei allen Geschäftsessen, an denen er teilnehmen musste, schmeckte es einfach viel zu gut, und da alle anderen auch viel aßen, viel rauchten und viel tranken, machte er halt mit. Denn was alle machten, kann ja so schlimm nicht sein.
Die Deutung: Manches, was alle machen, ist in der Tat für sich genommen harmlos. Bei vielen Dingen aber müssen wir immer wieder neu entscheiden, ob es für uns, für andere oder für unsere Umwelt tatsächlich harmlos ist oder – zumal in der Summierung – schadet. Unser Schweinehund will den bequemsten Weg gehen – und verharmlost daher gern.
So klingt der Schweinehund, wenn er es erzählt: »Schau mal, die anderen essen auch alle Sahnetorte.« – »Dein Nachbar hat auch keinen aufgeräumten Keller.«

Das Märchen von der perfekten Lösung
Der Inhalt – Kurzform: Es war einmal … eine versierte Referentin bei einer großen Versicherung, die mit all den Herausforderungen, die täglich an sie herangetragen wurden, gut zurechtkam. Allein wenn sie eine Präsentation vorbereiten sollte, brach der große Zweifel aus: Welche Informationen verwenden und welche Quellen heranziehen? Vielleicht erst mal ein paar Fachveröffentlichungen lesen, um nichts Wichtiges zu übersehen? Und dann die PowerPoint-Präsentation: Vielleicht doch besser noch ein paar Folien mehr? Lieber nichts überstürzen, erst mal in die Materie einarbeiten. Und so kam es, dass selten eine Präsentation rechtzeitig fertig wurde.
Die Deutung: Schweinehunde haben einen starken Hang zum Perfektionismus. Indem sie ein perfektes Ergebnis einfordern, stellen sie sicher, dass jetzt noch nicht der richtige Zeitpunkt gekommen ist, um Ihr Vorhaben anzugehen. Sondern erst, wenn Sie alles gelesen haben, alles gut vorbereitet haben, alle Sterne und auch der Mond richtig stehen … also jedenfalls (noch) nicht jetzt! Hinter all dem verbirgt sich aber eigentlich keine perfektionistische Grundhaltung, sondern vielmehr eine perfide Form der Verzögerungstaktik. Denn aus Schweinehund-Sicht wird der perfekte Zeitpunkt wohl nie kommen.
So klingt der Schweinehund, wenn er es erzählt: »Du kannst nicht einfach so anfangen, das braucht schon ein Menge Vorbereitung.«

Das Märchen von dem Land, in dem keine Zeit war

Der Inhalt – Kurzform: Es war einmal … ein Land, in dem große Zeitnot herrschte. Kein Mensch hatte genügend Zeit, um allen Verpflichtungen nachzukommen, alle litten unter Zeitmangel. So beschloss der alte Herrscher auf Rat seiner weisen Berater, den Menschen im Lande mehr Zeit zu geben. Und so hatte von nun an der Tag 27 Stunden, die Woche 9 Tage, der Monat 36 Tage, das Jahr 432 Tage. Eine Zeit lang waren die Untertanen mit dieser Lösung sehr zufrieden, hatten sie doch jetzt viel mehr Zeit. Aber das Glück währte nicht lange: Schon nach wenigen Wochen klagten sie wieder über großen Zeitmangel und meinten, das großzügige Zeitgeschenk ihres Herrschers hätte ihnen überhaupt nichts gebracht.

Die Deutung: Wenn Ihr Schweinehund etwas nicht will, kommt er gern mit dem Zeitargument – und führt Sie dabei gewaltig aufs Glatteis. Denn hier handelt es sich wirklich um ein besonders gelungenes Lügenmärchen. Schließlich hat jeder Mensch Zeit, und zwar jeder das gleiche Kontingent – es geht also nicht darum, wie viel Zeit zur Verfügung steht, sondern wie man sie sich einteilt, wofür man sie verwendet. Und so lautet der Ausspruch »Keine Zeit« richtigerweise: »Ich habe mir dafür keine Zeit genommen, weil ich etwas anderes machen wollte.«

So klingt der Schweinehund, wenn er es erzählt: »Ich würde ja wirklich sehr gern zu eurer Party kommen, aber leider ist dienstags immer wahnsinnig viel im Büro los – ich fürchte, dass mir die Zeit dafür fehlt.«

Das Märchen von der bequemen Schonhaltung

Der Inhalt – Kurzform: Es war einmal … ein fast perfekter Supermann: permanent viel Arbeit, wenig Schlaf, täglich ein strenges Sportprogramm und natürlich eine gesunde Ernährung. Aber trotz eisernen Willens blieben viele Vorhaben unerledigt – der lang geplante, immer wieder verschobene Umzug, die Städtereisen für die Allgemeinbildung – und in kultureller Hinsicht reichte es schon lange nur noch für den bequemen Fernsehabend anstelle eines Konzertbesuchs.

Die Deutung: Ihr Schweinehund weiß, was gut für Sie ist: Immer wieder mal alle Programme auf null herunterzufahren und auszuspannen ist ohne Zweifel sinnvoll. Allerdings kennt auch hier der Schweinehund mal wieder die Grenzen nicht. Denn er arbeitet daran, seine Bequemlichkeitsstrategie zum Dauerzustand zu machen. Und je mehr wir zum Beispiel beruflich eingespannt sind, desto größer ist die Angriffsfläche, die wir unserem Schweinehund bieten – so wird die Bequemlichkeitstour unbemerkt zum Dauerzustand.

So klingt der Schweinehund, wenn er es erzählt: »Bei all dem Berufsstress brauche ich jetzt einfach mal einen Fernsehabend – und dazu eine Fertigpizza!«

Angriff in Phase 2 – die missglückte Entscheidung

Auch die eigentliche Entschlussphase ist hochgradig schweinehundegefährdet. Denn Ihr Saboteur weiß: Wenn er den Entschluss schon nicht verhindern konnte, muss er jetzt umso präziser arbeiten, um das Schlimmste abzuwehren. Und das Schlimmste aus seiner Sicht wäre: die erfolgreiche Umsetzung Ihres Vorhabens. So wird er erst einmal dafür sorgen, dass Ihr Entschluss möglichst unscharf und verwässert ausfällt.

»Lassen wir's beim Versuch!« Vielleicht erinnern Sie sich noch an Ihre Schulzeit. Im Chemie- oder Physikunterricht waren die Versuche immer das Spannendste, und das nicht nur, weil die Materie so interessant war, sondern vor allem, weil man die Chance hatte, den Lehrer vorn an der Tafel scheitern zu sehen. Jeder Versuch barg schließlich die Möglichkeit des Scheiterns in sich; nicht immer knallte es an der Stelle, an der es knallen sollte. Diesen Umstand macht sich auch der innere Schweinehund zunutze. Einem Entschluss, der das Wörtchen »Versuch« enthält, ist die Möglichkeit des Scheiterns sozusagen auf die Stirn geschrieben. »Ich werde mal versuchen, morgen …« – Der Schweinehund lacht sich frech ins Fäustchen und denkt sich dazu: Prima, dann versuch mal schön – schaffen wirst du es ja eh' nicht! Also keine Gefahr im Verzug.

»Darf's ein bisschen mehr sein?« Schweinehunde legen gern nach – nicht nur beim Essen, sondern auch bei Ihren Vorhaben. Wenn Sie sich vornehmen, ab morgen täglich eine Stunde zu joggen und innerhalb des nächsten halben Jahres zehn Kilo abzunehmen, wird Ihr Schweinehund Sie wahrscheinlich fragen, ob Sie den lange hinausgeschobenen Sprachkurs nicht auch noch gleich mitnehmen wollen. Sagen Sie jetzt bloß nicht ja! Denn je mehr Sie sich auf einmal vornehmen, desto größer ist die Wahrscheinlichkeit, dass Sie am Ende nichts davon umsetzen. Mit unrealistischen Vorsätzen arbeiten Sie Ihrem Schweinehund direkt in die Pfoten – und deshalb unterstützt er Sie jederzeit gern beim Formulieren überzogener Entschlüsse.

»Meine Kreativität lasse ich mir nicht nehmen!« Der Satz könnte von Ihnen stammen, oder? Könnte aber auch aus dem Mund Ihres Schweinehundes kommen – und ist wieder mal ein typisches Manöver aus der Abteilung Tarnen und Täuschen. Denn hier wird mit dem Deckmäntelchen der Kreativität und Spontaneität letztlich nur die Planlosigkeit kaschiert. Kein Termin – keine Tat! Das ist es, was der Schweinehund eigentlich beabsichtigt. Bei der Umsetzung seiner Strategie macht er sich unsere Abneigung gegen jede Form von Einengung und Bevormundung durch Termine und Pläne zunutze. Wie so häufig sollen wir glauben, ganz unserem ei-

genen Antrieb und unseren eigenen Vorstellungen zu folgen – und sind doch nur wieder Abhängige unseres Schweinehundes.

»Bitte nicht konkret werden.« Ein bewährtes Mittel zur Unbrauchbarmachung von Entschlüssen jeglicher Art sind möglichst ungenaue Formulierungen. Je unpräziser, desto besser. »Mehr Sport«, »weniger essen«, »häufiger aufräumen«, »konsequenter planen«, »bald mal erledigen«. All diese Entschlüsse kranken daran, dass nicht nur wir selbst nicht so genau wissen, was eigentlich damit gemeint ist (wie viel »mehr Sport« soll es denn sein?), auch unser Gehirn kann sich darunter nichts vorstellen. Statt Aktivitäten zu entfalten, schaltet es auf Durchzug – und das Vorhaben ist vergessen. Kein Wunder also, dass Schweinehunde diese Form der Sabotage lieben, zumal sie maximale Ergebnisse bei minimalem Aufwand garantiert, also den Schweinehunden sehr entgegenkommt.

Bloß nichts umsetzen – Stolperfallen in Phase 3

In der Phase der eigentlichen Umsetzung sollte nichts mehr schiefgehen – denkt sich der Mensch und der Schweinehund lenkt ihn. Da in diesem Stadium bereits höchste Gefahr droht, dass Ihr Vorhaben gelingen könnte, werden seine Angriffe umso massiver. Mit einfachen Durchhalteparolen kommen Sie da nicht weiter.

»Eine Ausnahme schadet nicht – ist doch nur dieses eine Mal.« Ja, stimmt doch eigentlich auch. Ihren Plan, von nun an jeden Tag 30 Minuten in das Erlernen einer neuen Fremdsprache zu investieren, haben Sie nun zwei Wochen lang Tag für Tag umgesetzt – und heute ist Fußball! Sie überlegen noch ein wenig, ob ein DFB-Pokalspiel wirklich eine ausreichende Rechtfertigung darstellt, sich eine Auszeit vom Sprachtraining zu nehmen, beschließen dann aber, dass dies ein idealer Anlass ist, sich eine kleine Pause zu gönnen. Da kann nun wirklich keiner von Ihnen verlangen, Vokabeln zu pauken. Am nächsten Tag machen Sie voller Tatkraft weiter, müssen allerdings feststellen, dass Sie morgen wahrscheinlich wieder auf Ihr 30-Minuten-Pensum verzichten müssen – die Geburtstagseinladung Ihres Jugendfreundes ist ja wohl eindeutig wichtiger als Grammatik. Sie ahnen vielleicht, wie es weitergeht: Wenn Sie sechs Wochen später Bilanz ziehen, müssen Sie feststellen, dass Sie tatsächlich nur in den ersten zwei Wochen durchgehalten haben –

mittlerweile sind die Ausnahmen zur Regel geworden, immerhin haben Sie in den letzten 14 Tagen zweimal keine Ausnahme zugelassen. Ihr Schweinehund musste dazu übrigens gar nicht viel beitragen – er hat sich einfach nur in eine Ecke gesetzt und abgewartet. Denn er weiß: Auf die Ausnahmefalle kann er sich verlassen. Die Ursache dafür liegt in der Störungsanfälligkeit unserer neuen Vorhaben, vor allem in der Anfangsphase. Solange

Lassen Sie sich von mir bitte nicht abhalten

Auch ein Schweinehund muss sich bilden. Oft kann ich Erkenntnisse aus der Verhaltensforschung für die Weiterentwicklung meiner Sabotagetechniken verwenden. Die Ablenkungsmanöver sind so ein Beispiel. Vorbild dafür ist eine Erscheinung, die unter dem Begriff »Übersprungshandlung« bekannt ist. Damit wird ein Verhalten bezeichnet, das mit den zuvor gezeigten Handlungen nicht im Einklang steht. Man erwartet als Beobachter eigentlich etwas Bestimmtes, es kommt aber eine andere, eigentlich unpassende Handlung (nachzulesen bei Wikipedia, Stichwort »Übersprungshandlung«). Ein Beispiel? Gern! Stellen Sie sich vor, Sie stehen vor einer größeren Menschenansammlung und sollen eine Rede halten. Sie sind ein wenig unsicher und fühlen sich unwohl. Alle warten darauf, dass Sie etwas sagen. Und was machen Sie?

Erst mal verlegen ein kaum sichtbares Staubkorn vom Ärmel streichen – und da war sie schon, die Übersprungshandlung! Ganz ähnlich mache ich es mit den Ablenkungsmanövern. Eigentlich stehen Sie in den Startlöchern, um endlich Ihren Schreibtisch aufzuräumen. Und was lasse ich Sie machen? Kaffee kochen. Anschließend Zeitung holen. Dann Zeitung lesen, kurz noch das Bad putzen (war nötig), dann zwei Telefonate erledigen. Mit Ihrem Schreibtisch sind Sie immer noch nicht weitergekommen, aber meine Ablenkungstechnik hat wieder mal prima funktioniert. Ich lenke Ihren Handlungsimpuls einfach auf eine Tätigkeit um, die garantiert nichts mit Ihrem eigentlichen Plan zu tun hat. Wie gesagt: Verhaltensforschung bildet. Hoffentlich kommt niemand auf die Idee, uns Schweinehunde zu erforschen …

ein neues Verhalten noch nicht fest im Nervensystem verankert ist, müssen wir es uns durch ständiges Üben immer wieder neu in Erinnerung rufen, unser Nervensystem gleichsam neu einstellen. Ausnahmen bringen diesen Einstellungsprozess durcheinander, vor allem weil die erste Ausnahme meist sehr schnell weitere nach sich zieht. Übrigens: Wie Ihnen trotz manchmal unabdingbarer Ausnahmen Verhaltensänderungen erfolgreich gelingen, erfahren Sie im dritten Kapitel ab Seite 73.

»Ich will nur Ihr Bestes: Ihren Entschluss kassieren.« Kurz vor der Kapitulation hat der Schweinehund immer noch einen letzten Trumpf im Ärmel. Denn er weiß: Früher oder später kommen bei jedem Vorhaben, bei jeder Verhaltensänderung Schwierigkeiten auf. Da gibt es diese Tage, an denen einfach gar nichts gelingen will, an denen man sich mit allem, was man tut, quälen muss. Tage, an denen einem Sätze wie »Wozu mache ich das eigentlich alles?« oder »Am Ende bringt das doch sowieso wieder nichts!« besonders leicht über die Lippen kommen. Das sind typische Schweinehund-Angriffstage! Denn die nächste Einflüsterung Ihres Schweinehundes ist der Aufruf zur Kapitulation: »Lass es doch!« Und wenn er dann immer noch nachhelfen muss, kommt der finale Schlag: »Andere schaffen das doch auch nicht.« Eben, andere auch nicht, denken Sie sich: Lass es!

Beobachten Sie sich

Vielleicht haben Sie bei der Lektüre der letzten Seiten hin und wieder zu sich selbst sagen können: »Ja, das kenne ich auch bei mir. So oder so ähnlich tickt mein innerer Schweinehund wohl auch.« Eine gute Methode, um sich über die Struktur des eigenen Schweinehundes noch etwas klarer zu werden, besteht darin, eine Woche lang zu notieren, an welchen Stellen genau Ihr Saboteur angreift. Halten Sie dabei folgende Schritte ein:

1. Planen: Nehmen Sie sich am Wochenanfang – vielleicht am Montagmorgen oder schon am Sonntagabend – eine halbe Stunde Zeit und notieren Sie sich, welche Projekte Sie in der kommenden Woche vor sich haben, was Sie beruflich und privat »auf die Reihe« bringen müssen. Vielleicht arbeiten Sie auch gerade daran, eine bestimmte Verhaltensweise in Ihren Alltag zu integrieren (zum Beispiel täglich 15 Minuten Sport zu treiben, dreimal in der Woche ein Instrument zu üben oder etwas Ähnliches). Notieren Sie sich, wann oder bis wann Sie diese Vorhaben in dieser Woche erledigt haben wollen.

2. Beobachten: Ziehen Sie am Abend jedes einzelnen Tages zehn Minuten Bilanz. Konnten Sie Ihre geplanten Vorhaben umsetzen? Prima. Und wenn nicht: Wo hat Ihr Schweinehund zugebissen? War Ihr Ent-

schluss zu ungenau oder zu nebulös formuliert? Hatten Sie ihn zwar notiert, aber nicht ausreichend Zeit dafür eingeplant oder keinen Endtermin gesetzt? Hat Sie Ihr Schweinehund bei der Ausführung selbst gestört, indem er Sie zum Beispiel vehement davon abgehalten hat, überhaupt anzufangen? Oder hatten Sie Ihr Vorhaben gar nicht erst in Ihren Wochenplan aufgenommen, weil Sie dachten (oder vielmehr weil Ihr Schweinehund Ihnen einflüsterte), im Moment dafür ja doch keine Zeit zu haben oder sich bei aller Belastung nicht noch mehr aufhalsen zu können? Notieren Sie alles, was Ihnen dazu auffällt, auch wenn diese Art von Auseinandersetzung mit dem inneren Schweinehund vielleicht am Anfang merkwürdig wirken mag.

3. Auswerten: Eine Woche durchgehalten? Gratulation. Nehmen Sie sich nun bitte noch mal eine halbe Stunde Zeit und werten Sie Ihre Notizen aus: Ordnen Sie die Sabotageakte Ihres Schweinehundes den einzelnen Phasen zu, in denen der Schweinehund typischerweise angreift: vor dem Entschluss, beim Entschluss selbst und in der Umsetzungsphase (siehe oben Seite 50). So erfahren Sie etwas über den Charakter Ihres persönlichen Schweinehundes und lernen seine Handlungsweise kennen – und können jetzt wesentlich gezielter genau diese Punkte bearbeiten. Wie das im Einzelnen funktioniert, erfahren Sie in den folgenden Kapiteln.

So habe ich mich noch nie betrachtet

Wow – ich bin ja richtig gut! So genau habe ich mich noch nie betrachtet. Ich wusste gar nicht, wie viele Tricks, Taktiken und Sabotagetechniken ich draufhabe. Das ist bei mir ja wie bei jedem Meister seines Faches: Man denkt in der konkreten Situation gar nicht mehr darüber nach, was man macht – man handelt einfach. Intuition des Genies sozusagen – na ja, ich will nicht überheblich oder arrogant erscheinen, aber anders kann ich mir meinen großen Erfolg auch nicht erklären. Wenn ich mir das jetzt noch mal ansehe, kommt mir allerdings noch ein anderer beunruhigender Gedanke: Das könnte gefährlich für mich werden. Die Aufstellung ist beinahe vollständig. Gut, es gibt noch ein paar absolute Geheimtricks, aber im Wesentlichen steht alles da. Da hat mich jemand sehr genau beobachtet und analysiert. Wenn das so weitergeht, sehe ich möglicherweise schweren Zeiten entgegen. Ja, ja – die Zeiten ändern sich. Das gilt jetzt wohl auch für uns Schweinehunde.

Auf der folgenden Doppelseite finden Sie Kopiervorlagen für Ihre Planung.

VORHABEN MEINER WOCHE

Die Tabelle können Sie auch als Kopiervorlage verwenden.

Meine Wochenvorhaben	Zu erledigen bis:
vom bis	
vom bis	
vom bis	
vom bis	
vom bis	
vom bis	
vom bis	
vom bis	
vom bis	
vom bis	
vom bis	
vom bis	
vom bis	
vom bis	
vom bis	
vom bis	
vom bis	
vom bis	

Die Tabelle können Sie auch als Kopiervorlage verwenden.

in Phase 1: vor dem Entschluss	in Phase 2: beim Entschluss selbst	in Phase 3: bei der Umsetzung

So verschieden können Mensch und Schweinehund sein

Schweinehunde sind eine ganz persönliche Angelegenheit. Beinahe jeder hat einen, aber keiner gleicht dem anderen. Und so kommt es, dass Schweinehunde nicht nur ganz unterschiedliche Sabotagetechniken anwenden, sondern auch auf ganz unterschiedliche Motivationsstrategien ansprechen.

Bei inneren Schweinehunden verhält es sich wie bei vielen anderen Dingen auch: Was für den einen genau richtig ist, bewirkt vielleicht beim anderen das exakte Gegenteil. Das macht die Sache nicht unbedingt einfacher, aber keine Sorge: Mit dem folgenden Test können Sie in Erfahrung bringen, was für ein Typ Ihr Schweinehund ist. Dieses Wissen gibt Ihnen einen kleinen Vorsprung, denn Sie können nun seine Taktiken besser in Ihre Planungen mit einbeziehen. Und wenn Sie rechtzeitig eventuelle Sabotageakte einplanen, können Sie sich schon im Voraus überlegen, wie Sie darauf reagieren werden. Übrigens: Wir erlauben uns hier, von Ihren eigenen Verhaltensweisen Rückschlüsse auf Ihren Schweinehund zu ziehen. Denn auch wenn Sie nicht mit Ihrem Schweinehund identisch sind, so ist es doch sehr wahrscheinlich, dass Sie viele seiner Verhaltensweisen inzwischen als Ihre eigenen in den Alltag übernommen haben.

SO VERHALTEN SIE SICH

1. SO LEBEN SIE

Wie starten Sie in Ihren Tag?

- Ich versuche immer noch, das Frühstück so perfekt zwischen Zähneputzen, Duschen und Ankleiden einzupassen, dass es insgesamt nur fünf Minuten in Anspruch nimmt. .... A
- Jeden Tag mit denselben Frühstückszutaten, und dieses Frühstück findet immer zwischen 7.15 und 7.35 Uhr statt. .... B
- Mal so, mal so – das hängt ganz von den Erfordernissen des jeweiligen Tages ab. C
- Nach Lust und Laune – je nachdem, was der Magen dazu sagt. .... D

Und wie hört der Tag bei Ihnen auf?

- Genau so, wie ich es drei Wochen vorher geplant habe. .... B
- Wie soll ich das jetzt schon wissen? Es ist ja noch nicht Abend! .... D
- Das entscheide ich, wenn es so weit ist. C
- Kommt darauf an, wie der Tag läuft – und wie viel Zeit fürs Abendprogramm bleibt. .... A

Gestatten Sie eine Frage zu Ihrer Wohnung: Wo bewahren Sie Sachen auf, die Ihnen besonders wichtig sind?

- Dort, wo ich sie wiederfinde. .... A
- In der abschließbaren Schreibtischschublade natürlich – zweite von unten. .... B
- Muss erst mal überlegen, was mir wichtig ist, das ändert sich ja auch je nach Stimmung. ...... D
- Ach, das wechselt häufig – man muss da einfach Suchzeiten einrechnen. C

Können Sie sich leicht von Gegenständen trennen?

- Ja, vor allem, wenn sie mir keinen unmittelbaren Nutzen bringen. .... A
- Ja, vor allem dann, wenn sie kaputt sind – oder bald kaputtgehen könnten. .... B
- Ich habe eigentlich noch nie etwas weggeworfen – irgendwie hängt man ja an allem. .... D
- Geht so. Wenn ich einen Aufräumanfall habe, ja, aber wie soll ich wissen, wann der kommt? C

2. SO ORDNEN SIE IHR LEBEN

Planen Sie Ihren Tagesablauf eigentlich?

- Nicht nur den – ich habe meinen Fünfjahresplaner immer dabei. .... B
- Grundsätzlich schon, zumindest wenn absehbar ist, dass es ohne Planung schwierig werden könnte. .... A
- Ach nein, wozu auch? In 15 Minuten kann sich schließlich die Welt verändern. C
- Ja, gern auch mit anderen zusammen. Auch wenn wir dann manchmal eher die Weltrevolution planen als den kommenden Tag. ... D

Und wenn Sie planen: Welche Rolle spielen Ihre Ziele für Ihre Planung?

- Meine eigenen Ziele sind ganz zentral für alle meine Pläne. .... A
- Meine Planung ist immer an Zielen orientiert – im Beruf vor allem die Unternehmensziele, im Privaten möglichst große Sicherheit und Wohlergehen für meine Familie und mich. .... B

- Wie gesagt: Wenn Sie planen – aber ich plane ja nicht. C

- Ziele werden schon berücksichtigt – vor allem dann, wenn ich damit meinen eigenen Bedürfnissen und auch denen meiner Mitmenschen Rechnung tragen kann............. D

Sollten Sie einen Terminkalender führen: Wie sieht der aus?

- Im Handy integriert – so macht man das heute ja wohl. .... A

- Mein Kalender ist zugleich mein Tagebuch..... D

- Ordentlich natürlich – fein säuberlich mit Bleistift ausgefüllt, damit man notfalls korrigieren kann. .... B

- Wenn ich mir wirklich mal was notieren muss, nehme ich ein Post-It und klebe es an den Türstock – dann ist die Wahrscheinlichkeit, dass ich den Termin vergesse, schon geringer. C

Lassen Sie uns mal einen Blick in Ihren Kleiderschrank werfen. Wie sieht es darin aus?

- Ordentlich – geordnet nach Farben und Anlässen, sodass ich alles schnell finde. .... A

- ... ich würde ihn lieber nicht aufmachen......... C

- Da hängt alles in Reih und Glied – mit Platz dazwischen, damit nichts knittert................ B

- Ich sortiere nach Lieblingssachen – was ich besonders gern mag, hängt ganz vorn........... D

3. SO ARBEITEN SIE

Wenn Sie vor einem Problem stehen – welche Lösung streben Sie dann meist an?

- Immer den sichersten Weg......................... B

- Den schnellsten Weg – wenn das auch noch der sicherste ist, umso besser. .... A

- Es gibt doch immer mehrere Lösungen – ich suche dann spontan die passende heraus....... C

- Ich wähle die Lösung, die auch mein Team oder meine Familie mitträgt. .... D

Arbeiten Sie gern mit anderen zusammen?

- Ja, wenn alle an einem Strang ziehen und niemand Sand ins Getriebe streut – wenn es nicht funktioniert, lieber nicht. .... A

- Zusammenarbeit mit anderen verläuft zu oft nach dem Motto »Wird schon ein anderer machen«. Ich arbeite lieber allein und halte selbst alles in den Händen. .... B

- Ich finde, dass Teamarbeit eher aufhält – immer muss man auf die anderen Rücksicht nehmen... C

- Absolut! Allein bin ich nur ein halber Mensch. .... D

Wenn Sie eine umfassende Sache erledigen müssen: Bleiben Sie dran?

- Nein, ich unterbreche häufig, mache zwischendurch auch mal was anderes – je nach Lust und Laune. C

- Ich arbeite kontinuierlich, bis die Aufgabe erledigt ist – dann kommt der nächste Job...... A

- Gibt es eine andere Methode? .... B

- Wenn ich mich gut fühle – warum nicht.......... D

Wie sieht es eigentlich auf Ihrem Schreibtisch beziehungsweise an Ihrem Arbeitsplatz aus?

- Alles ist an seinem Platz, es gibt ein funktionierendes Ordnungssystem. Mit Suchen will ich mich nicht lange aufhalten.............. A

- Den könnte man jederzeit fotografieren und das Foto in der bekannten Zeitschrift »Andere Leute wohnen schöner« abdrucken... B

- Halbwegs ordentlich – notfalls würden auch andere etwas finden........................... D

- Jede Art von Ordnung oder Ordnungssystem schadet meiner Kreativität – und so sieht es auch aus... C

4. SO GEHEN SIE MIT WIDERSTÄNDEN UND PROBLEMEN UM

Wenn Probleme auftauchen – wie reagieren Sie?

- Bestandsaufnahme, Analyse, Lösung – schließlich müssen die Dinge erledigt werden.. A

- Bei meiner Planung tauchen meist keine Probleme auf ... und wenn doch, lassen sie sich mit strukturiertem Vorgehen lösen......... B

- Erst mal was anderes machen, das Problem lösen wir später (vielleicht löst es sich auch von selbst)... C

- Kaffee machen und jemanden anrufen – zusammen geht es einfach besser............... D

Sie sind in der Endphase eines wichtigen Projekts. Ausgerechnet jetzt streikt Ihr Computer. Wie reagieren Sie?

- Wenn ich die Störung nicht selbst beheben kann, hole ich Hilfe.................................... A

- Das ist wirklich ein Problem! Ungeplantes bringt mich immer völlig aus dem Konzept, auch wenn die Lösung oft ganz einfach wäre... B

- So ein Pech, ausgerechnet jetzt – andererseits: Aus solchen Pannen entstehen oft die tollsten Ideen – mal überlegen................ C

- Dann wird das Projekt wohl nicht rechtzeitig fertig werden – ein echter Rückschlag........... D

Wenn Sie eine neue Arbeit beginnen: Fangen Sie einfach an oder ist das etwas komplizierter?

- Einfach anfangen geht überhaupt nicht – ich muss erst mal in der richtigen Stimmung sein.. D

- Natürlich, was getan werden muss, muss getan werden. .... A

- Ich fange eigentlich immer irgendetwas an – manchmal nur nicht das, was ich eigentlich anfangen sollte.................................... C

- Manchmal fällt es mir schwer, den ersten Schritt zu tun ... ich könnte ja eventuell etwas übersehen haben. .... B

Und beim Aufhören? Finden Sie ein Ende oder zieht es sich?

- Alles ist zum festgelegten Zeitpunkt erledigt.. A

- Ein Ende zu finden, ist oft sehr schwer ... Man könnte noch so viel machen, bis es wirklich perfekt ist. .... B

- Ich muss erst überlegen, wann ich das letzte Mal wirklich etwas zu Ende gebracht habe ... Auf jeden Fall ist es am Ende immer ein ziemliches Chaos. C

- Da ist es wie mit dem Anfangen: Wenn ich in der richtigen Stimmung bin und alle mitmachen – kein Problem.......................... D

63

Test

AUSWERTUNG

Zählen Sie bitte nach, welchen Buchstaben Sie wie oft angekreuzt haben:

A _____   C _____

B _____   D _____

Hinter diesen vier Buchstaben verbergen sich vier typische Schweinehund-Verhaltensmuster:

A **Der rationale, effiziente Schweinehund-Typ**
B **Der zuverlässige, sicherheitsorientierte Schweinehund-Typ**
C **Der spontane, leicht chaotische Schweinehund-Typ**
D **Der emotionale, gefühlsbetonte Schweinehund-Typ**

Vielleicht sehen Sie nun hinter einem Buchstaben eine recht hohe Zahl und bei den anderen jeweils nur niedrige Werte – dann ist das Ergebnis einfach interpretierbar. Wahrscheinlicher aber ist, dass Sie zwar bei einem der vier Buchstaben häufig ein Kreuzchen gesetzt haben, aber auch bei einem oder zwei weiteren höhere Werte finden und einen fast gar nicht gewählt haben. Das stellt allerdings kein Problem dar, sondern ist völlig normal.
Ebenso wie menschliche Charaktere meist mehrere Dimensionen haben und sich nicht hundertprozentig in eine Schublade einpassen lassen, so gibt es auch bei den Schweinehunden häufig Mischtypen – sie entsprechen nicht nur einem Typ, sondern vereinen mehrere Typformen in sich.
Vielleicht sagen Sie sich auch: Eigentlich war da gar nichts für mich und meinen Schweinehund dabei – ich bin doch ganz anders! Auch das ist normal.
Zugegeben: Der Test ist ziemlich grob gerastert und kann allenfalls eine Einschätzung geben. Lesen Sie deshalb auf jeden Fall alle Profile der Schweine-

hund-Typen durch. Vielleicht finden Sie in jedem Profil einige Ihrer Angewohnheiten und Eigenschaften. Vielleicht erkennen Sie auch die eine oder andere Angewohnheit des Schweinehundes Ihres Partners, Ihrer Kinder oder Ihrer Kollegen wieder? Umso besser. Denn bei diesem Test geht es nicht nur darum, den eigenen Schweinehund besser einzuschätzen, sondern auch zu erkennen, dass es eben DEN Schweinehund nicht gibt – sondern sehr viele unterschiedliche Typen. Je besser Sie die Schweinehunde Ihrer lieben Mitmenschen einschätzen können, desto einfacher wird sich das Zusammenleben gestalten.

A Der rationale, effiziente Schweinehund-Typ

Ihr Schweinehund ist der Analytiker unter den Saboteuren. Er arbeitet präzise, streng logisch und zielgerichtet – fast ein bisschen Schweinehund-untypisch. Aber in puncto Sabotage werden ja auch noch so träge Schweinehunde schnell hellwach – und dieser hier ist mit seiner konzentrierten Herangehensweise häufig besonders erfolgreich. Denn sein nicht minder rational und effizient handelnder Besitzer bietet ihm oft eine ziemlich breite Angriffsfläche.

Wer mit eiserner Disziplin seine Vorhaben durch-paukt, bei dem muss sich der innere Schweine-hund mit Gewalt Gehör verschaffen. Je stärker Sie sich selbst unter Druck setzen, je weniger Sie sich auch mal Entspannung und Genuss gönnen, umso bissiger ist der Schweinehund und lässt Sie zum Beispiel ausgerechnet dann einen Abgabetermin verschlampen, wenn Sie es am wenigsten brau-chen können.

Vielleicht sind Sie mit Ihrer Zielstrebigkeit manch-mal selbst gar nicht so glücklich, denn Ihr Verhält-nis zu den Mitmenschen kann unter Umständen darunter leiden: Ihre Zielgerichtetheit kann auch als Kälte, Strenge oder sogar Rücksichtslosigkeit missverstanden werden. In diesen Punkten kann Ihr Schweinehund zum Coach werden – mit seinen Sabotageakten kann er Ihnen dabei helfen, gele-gentlich die strenge Logik zu vergessen und mehr auf den Bauch zu hören.

B Der zuverlässige, sicherheitsorientierte Schweinehund-Typ

Ihr Schweinehund überlässt bei seinen Trickse-reien nichts dem Zufall: Er trifft Vorkehrungen gegen Störungen aller Art und arbeitet sorgfältig, diszipliniert und zuverlässig wie ein Schweizer Uhr-werk – und zwar in Bezug auf seine Störaktionen. Sie selbst versuchen, mit ebensolcher Sorgfalt und Präzision seinen Attacken zu entge-hen, planen Ihr Leben bis ins Detail durch und hoffen, auf diese Weise schlauer zu sein als Ihr Begleiter. Eine Fehlannahme.

Denn es gilt die Binsenweisheit: Je intelligenter der Mensch, desto raffinierter die Ausreden seines Schweinehundes. Und so kommt es, dass er Ihnen immer den entscheidenden Schritt voraus ist. Die Folge: Manchmal fühlen Sie sich unsicher und haben Angst, dass Ihnen alles entgleiten könnte. Sie versuchen, noch sicherheitsorientierter und ausgeklügelter zu planen … Aber Sie wissen ja inzwischen: Ihrem Schweinehund werden Sie auf diese Weise nicht entkommen. Vielleicht probieren Sie einfach hin und wieder (nicht als Dauerzustand, nur als Versuch), auf Ihren Schweinehund zu hören und sich etwas mehr zu entspannen. Sie werden deshalb bestimmt nicht im Chaos versinken. Aber Sie könnten die Erfahrung machen, dass Sie auch mit etwas weniger Anstrengung zu passablen Ergebnissen gelangen. Eine Aussicht, die auch Ihrem Schweinehund gefallen dürfte.

C Der spontane, leicht chaotische Schweine-hund-Typ

Hier haben wir es mit einem Muster-Schweinehund zu tun: kreativ, mit viel Fantasie und einem unbe-streitbaren Hang zum Abenteuer. Was Ihr Schwei-nehund tut oder lässt, richtet sich immer nach seiner momentanen Lust und Laune. Und auch seine Sabotageaktionen folgen diesem Muster. Wenn er gerade sabotieren will, macht er das, wenn nicht, hatte er wahrscheinlich gerade etwas Besseres zu tun.

Die Folge: Sein Mensch wird von anderen als etwas unstet und vielleicht sogar schwierig wahrgenommen. Denn seine Bereitschaft, etwas Begonnenes auch zu Ende zu bringen, und seine Arbeitsbeständigkeit hängen stark von der Laune seines Schweinehundes ab. So kommt es, dass Frauchen beziehungsweise Herrchen und Schweinehund zusammen oft ein ziemlich chaotisches Gespann bilden.

Andererseits können diese Schweinehunde auch eine echte Bereicherung darstellen. Mit ihren von plötzlichen Launen getragenen Tricksereien verursachen sie manchmal wahre Kreativitätsschübe bei ihren Besitzern und können auch verfahrene Situationen wieder zu neuem Leben erwecken.

Am besten ist es, wenn man den spontanen Schweinehund in ein Team einbindet, in dem er starke Gegenspieler findet – das bringt zwar manchmal Reibereien mit sich, im Ergebnis werden aber alle profitieren. Ihr Schweinehund sorgt für die Ideen, die anderen behalten den Überblick.

D Der emotionale, gefühlsbetonte Schweine-
   hund-Typ

Ihr Schweinehund ist ein geselliges Exemplar, ein richtiger Teamplayer – und Teamfähigkeit ist ja heute eine gefragte Eigenschaft. Unter diesem Aspekt können Sie sich ihn sogar zum Vorbild nehmen.

An ein paar Stellen sollten Sie freilich berücksichtigen, dass auch ein emotional geprägter Schweinehund immer in erster Linie ein Schweinehund bleiben wird. Seine Hinwendung zu anderen dient daher in erster Linie seinem und Ihrem Wohlerge-

hen – und er verfolgt damit nicht immer dieselben Ziele wie Sie! Kreative Pausen, Gespräche oder Tagträumereien dienen aus seiner Sicht dazu, Sie von Ihrer Arbeit abzuhalten, während Sie sich doch erhoffen, zusammen mit anderen schneller eine Lösung zu finden.

Und mit seiner großen Hilfsbereitschaft und seinem Verständnis für die Probleme und Nöte der anderen hat er sich zwar einen großen Freundes- und Bekanntenkreis geschaffen. Aber auch hier macht sich wieder ein schweinehundtypisches Defizit bemerkbar: Er kennt einfach keine Grenzen. Er wird Sie daher auch dann zu Rettungsaktionen bewegen, wenn Sie eigentlich überhaupt keine Zeit haben oder sich kräftemäßig mal wieder völlig übernehmen. Aber nun wissen Sie ja, wie Ihr Schweinehund in diesen Punkten denkt, und können dies bei Ihren Entscheidungen und Vorhaben ausreichend berücksichtigen.

Die Motivatoren Ihres Schweinehundes

Der Umgang mit Ihrem inneren Schweinehund wird Ihnen um einiges leichter fallen, wenn Sie wissen, welche Umstände ihn zu besonderen Höchstleistungen bei seinen Sabotageakten reizen. Ebenso wichtig ist es zu wissen, in welchen Situationen er Sie völlig in Ruhe lässt. Wenn sonst üblicherweise gefragt wird, was den Menschen motiviert, so geht es diesmal um die naheliegende Frage: Was motiviert eigentlich Ihren Schweinehund?

Schweinehunde sind, das wissen Sie inzwischen, etwas kompliziert gestrickte Wesen, die man nicht einfach fragen kann, was sie motiviert. Sie würden es mit der Wahrheit nicht so genau nehmen und uns zwar eine Antwort liefern, Aber ob wir auf die auch vertrauen könnten, steht auf einem anderen Blatt.

Verlässlicher ist es daher, ihnen mit einem kleinen Test auf die Schliche zu kommen. Sowjetische Sportpsychologen haben mit umfangreichen Analysen erfolgreicher Sportler einen Test entwickelt, der sich auch in Alexander Christianis Buch »Weck den Sieger in Dir« findet – dieser Test lässt sich mit einigen Modifikationen auch für Ihren Schweinehund verwenden.

So finden Sie heraus, was Ihr Schweinehund als besonders lästig empfindet und was ihm eigentlich gar nichts ausmacht. Das ist nämlich von Schweinehund zu Schweinehund unterschiedlich.

Schweinehunde im Test

Der Test basiert auf einer einfachen Überlegung: Für jeden Menschen gibt es Tätigkeiten, die ihm ganz besonders leichtfallen. Er braucht sich hierzu nicht sonderlich zu motivieren, vor allem aber: Sein Schweinehund denkt nicht einmal daran, ihn zu attackieren. Es ist fast so, als ob er keinen hätte. Und dann gibt es andere Bereiche, in denen der Schweinehund um einiges größer ist als die Aufgabe, die er sich vorgenommen hat. Da geht es vielleicht nur darum, einen kleinen Brief zu schreiben oder etwas abzulegen. Maximal zehn Minuten würde das dauern – und trotzdem schieben wir es schon seit drei Wochen vor uns her. Was führt dazu, dass es uns manchmal so leichtfällt, unsere Vorhaben anzugehen, und dann wieder so unendlich schwer? Um das herauszufinden, ist es hilfreich, sich ein paar der Tätigkeiten, die uns leichtfallen und bei denen uns der Schweinehund nicht sabotiert, genauer anzusehen. Vielleicht lassen sich einige Gesetzmäßigkeiten erkennen, mit denen wir die Vorgehensweise unseres Schweinehundes besser verstehen lernen.

Schweinehund-Motivatoren-test – Teil 1

Überlegen Sie sich fünf Situationen, **in denen Sie Ihr Schweinehund nicht mit seinen Attacken torpediert hat.** Das können zum Beispiel Tätigkeiten sein, in denen Sie, gemessen an Ihren eigenen Ansprüchen und Fähigkeiten (nicht im Vergleich zu anderen – auf die anderen kommt es bei diesem Test nicht an!), besonders gute Leistungen gebracht haben, ohne dass Sie dabei mit inneren Widerständen kämpfen oder sich besonders überwinden mussten. Es ist völlig egal, ob es sich dabei um Ihr berufliches Umfeld handelt oder ob Sie in der Freizeit besonders erfolgreich waren. Es können auch länger zurückliegende Erlebnisse sein – wichtig ist nur, dass Sie sich noch an ein paar Details erinnern können.

5 Situationen, in denen mich mein Schweinehund in Ruhe gelassen hat

1. _____

_____

_____

2. _____

_____

_____

3. _____

_____

_____

SCHWEINEHUND-MOTIVATORENTEST

4. _____

_____

_____

5. _____

_____

_____

- Was höre und sehe ich, wenn ich die Augen schließe und versuche, mich in die damalige Situation zu versetzen?
- Was habe ich konkret damals getan und was habe ich bei diesen Handlungen zu mir selbst gesagt?
- Ist mein innerer Schweinehund in irgendeiner Phase vor oder während des Erlebnisses aufgetaucht? Wenn ja: Was ist dem unmittelbar vorausgegangen? Und wie habe ich ihn damals überwunden?

Gehen Sie bei der Analyse Ihres Erfolgserlebnisses ruhig ins Detail – auch scheinbar Nebensächliches kann für den nächsten Schritt wichtig sein.

Schweinehund-Motivatoren-test – Teil 2

Betrachten Sie jetzt diese fünf Situationen, die Sie herausgesucht haben, noch mal genauer: **An welche erinnern Sie sich besonders gut?** Wozu fallen Ihnen spontan die meisten Details ein? Gibt es ein Erlebnis, das Sie in Ihrer Erinnerung noch wie einen Film ablaufen lassen können? Sehr gut – **diese Situation werden Sie jetzt genau unter die Lupe nehmen.**

Nehmen Sie dazu ein Blatt Papier zur Hand und versuchen Sie, in den nächsten 15 Minuten möglichst viele Stichwörter aufzuschreiben, die Ihnen zu Ihrem Erlebnis einfallen. Sie können sich dazu zum Beispiel am zeitlichen Ablauf orientieren und eine Art Erinnerungsprotokoll in Stichwörtern schreiben.

Wenn Ihnen das nicht liegt oder die Erinnerung zu blass ist, können Sie vielleicht Antworten auf die folgenden Fragen finden:

Schweinehund-Motivatoren-test – Teil 3

In diesem dritten Schritt gehen Sie nun auf die Suche nach den **Motivatoren Ihres Schweinehundes.** Nehmen Sie dazu Ihre Stichwortsammlung und versuchen Sie, die einzelnen Stichwörter den in der folgenden Tabelle aufgelisteten Motivatoren zuzuordnen. Bewerten Sie dabei jeweils, ob der einzelne Motivator eine starke, mittlere oder eher schwache Rolle gespielt hat. Es kann sein, dass der eine oder andere Motivator für Sie keine Rolle spielt. Sollte ein für Sie wichtiger Punkt nicht aufgelistet sein, können Sie diesen ergänzen.

Test

Motivator	stark ausgeprägt	mittel ausgeprägt	schwach ausgeprägt
Herausforderung Gelangen Sie vor allem dann zu Bestleistungen, wenn die Aufgabe Sie besonders herausfordert, oder können Sie auch Routinetätigkeiten etwas abgewinnen?			
Eigene Aktion Hält Ihr Schweinehund besonders dann still, wenn Sie eine Tätigkeit völlig in ihren Bann zieht, Sie sozusagen »darin aufgehen«?			
Wohlbefinden Wie wichtig ist es, dass Sie sich während der Tätigkeit wohl-fühlen? Oder kommen Sie auch mit widrigen Umständen prima klar?			
Sinnhaftigkeit Welche Rolle spielt der Umstand, dass die ausgeübte Tätig-keit sinnvoll ist? Meckert Ihr Schweinehund, wenn er den Sinn einer Tätigkeit nicht erkennen kann, oder ist ihm das egal?			
Wir-Gefühl Ist Ihr Schweinehund ein Teamplayer?			
Einzelkämpfer Fühlt sich Ihr Schweinehund besonders wohl, wenn Sie alles allein machen und für alles verantwortlich sind, den Erfolg dann aber auch ganz für sich verbuchen können?			
Anerkennung Klar: Gelobt werden wir alle gern. Aber wie sehr lässt sich Ihr Schweinehund davon beeindrucken? Unterscheiden Sie dabei bitte: • **Anerkennung von außen** – das können Kollegen oder Konkurrenten sein, aber natürlich auch der Chef. • **Anerkennung durch die Sache selbst** – das bezieht sich auf das »Ding an sich«, zum Beispiel das fertige Werkstück, eine fertige und gelungene Präsentation, eine gelungene Rede (aber nicht das Halten, sondern die Rede selbst). • **Anerkennung von innen** – damit ist die Anerkennung gemeint, die Sie sich selbst für Ihren Erfolg zugestehen.			

Motivator	stark ausgeprägt	mittel ausgeprägt	schwach ausgeprägt
Weiterentwicklungsmöglichkeit Lässt sich Ihr Schweinehund von einem Blick in die Zukunft beeindrucken und hält still, wenn Ihr Vorhaben Sie weiterbringt (auf der Karriereleiter – in Ihren Kenntnissen – auf Ihrem Konto)? Oder lebt er ganz im Hier und Jetzt?			
Vorbildern nachahmen Orientiert sich Ihr Schweinehund gern an anderen, die Großes vollbracht haben? Gibt er Ruhe, wenn Sie diesen Vorbildern nacheifern?			
Blick zurück Sind Sie dann besonders erfolgreich, wenn Sie mit Ihrer Tätigkeit einen Misserfolg in der Vergangenheit ausgleichen können?			
Ganz vorn stehen Steht Ihr Schweinehund gern auf dem Siegertreppchen? Wenn ja, ist er wahrscheinlich ein richtiger Wettkampftyp.			

Schweinehund-Motivatoren-test – Teil 4

Nun können Sie mit Ihrer Analyse Bilanz ziehen:

- Welche Motivatoren spielten bei Ihrem Erlebnis eine besonders starke Rolle – sollten Sie mehr als drei »stark ausgeprägte« Aspekte angekreuzt haben, wählen Sie bitte maximal drei aus, die Ihnen besonders wichtig sind.
- Welche Motivatoren spielten auf der anderen Seite eine eher unwichtige Rolle? Wählen Sie auch hier maximal drei aus.

Gehen Sie jetzt noch einmal zum ersten Schritt dieses Tests zurück und sehen sich die vier anderen Erfolgserlebnisse an. Wenn Sie dort nach Gründen für Ihren Erfolg suchen: Finden Sie die drei Motivatoren, die Sie ausgewählt haben, auch dort wieder? Sollten Sie unsicher sein, können Sie den kompletten Test noch einmal mit einem anderen Erfolgserlebnis machen.

Strategische Partnerschaft

Nun kennen Sie Ihren Schweinehund besser – Zeit, ein paar klare Worte mit ihm zu wechseln. Um in Zukunft mit ihm zusammen Ihre Ziele zu erreichen, finden Sie in diesem Kapitel eine Reihe nützlicher und oft erprobter Techniken, die Ihnen helfen, Sabotageversuche Ihres Schweinehundes abzuwehren oder zumindest ihre Wirkung abzuschwächen.

Nervensystem kooperiert mit Schweinehund

Es klingt im ersten Moment fast ein bisschen zu optimistisch: Einfach nur die Eigenheiten des Schweinehundes auf der einen und die Besonderheiten unserer Nervenbahnen auf der anderen Seite beachten, die richtige Technik anwenden – und schon klappt's mit der Selbstüberwindung. Ganz so simpel ist es auch nicht. Aber die Kenntnis über unser Nervensystem erleichtert die Arbeit ungemein – was wiederum den Schweinehund freut.

Sie kennen Ihren Schweinehund nun schon recht gut. Sie konnten erfahren, wo er Sie am häufigsten sabotiert. Sie wissen, was ihn antreibt und motiviert. Fast kennen Sie Ihren Begleiter besser als sich selbst. Gut so! Dieses Wissen werden Sie brauchen, um in der nächsten Zeit wichtige Etappensiege für sich verbuchen zu können. Im folgenden Kapitel werden Sie erfahren, wie das funktioniert, was der Volksmund gern als »Kampf mit dem inneren Schweinehund« bezeichnet. Jault Ihr Schweinehund auf? Verständlich, schließlich will niemand gern bekämpft werden. Also sagen Sie ihm, dass es gar keinen Kampf geben muss. Denn die Strategie, die Sie hier kennenlernen, lautet: Machen Sie Ihren Schweinehund zum Verbündeten. Beziehen Sie ihn ein, lassen Sie ihn ruhig ausreichend zu Wort kommen und versuchen Sie, seine Argumente nachzuvollziehen. Vordergründig hält er Sie von Ihren Plänen ab, aber vielleicht steckt hinter seinen Sabotageakten eine ernst zu nehmende Absicht. Vielleicht lassen sich seine Einwände entkräften. Vielleicht können Sie auch einen Kompromiss schließen, bei dem jeder ein klein wenig nachgibt und am Ende alle zufrieden sind.

Ob er mit sich reden lässt?

Nun wenden Sie vielleicht ein: Und was ist, wenn mein Schweinehund nicht mit sich reden lässt? Berechtigte Frage! Könnte ja sein, dass er ein verstockter Kerl ist, der mit den Grundformen moderner Gesprächstherapie auf Kriegsfuß steht. Solche Fälle soll es geben, für diese Kandidaten werden Sie am Ende des Kapitels ab Seite 108 ff. noch einige spezielle Vorgehensweisen kennenlernen. Überwiegend aber gilt: Schweinehunde sind nicht bösartig. Die meisten von ihnen lassen mit sich reden. Sie wollen aber überzeugt werden. Und das bedeutet, dass Sie ihnen nicht unvorbereitet gegenübertreten sollten. Je besser Ihre Argumente, desto größer Ihre Chancen, Ihren Schweinehund mit ins Boot zu holen.

Innere Grenzen – und der Schweinehund bewacht sie

Die entscheidende Frage ist wohl: Ist es überhaupt möglich, Verhaltensweisen und Gewohnheiten zu verändern, die sich seit Jahren oder Jahrzehnten eingeschliffen haben? Immer wieder haben Sie vielleicht versucht, mit mehr Bewegung und gesunder Ernährung Ihr Gewicht in Schach zu halten – und ebenso oft haben Sie diesen Plan frustriert aufgegeben. Viele nehmen sich regelmäßig vor, mit einem wirksamen Zeitplanungssystem sicherzustellen, dass ihre Familie endlich wieder etwas mehr von ihnen hat – und dann sitzen sie doch wieder fünf Tage in der Woche bis 21 Uhr im Büro. Und vielleicht wollten Sie nie wieder diese unnützen Spontankäufe tätigen, die Sie schon wenige Tage später bereuen und die dazu führen, dass bei Ihnen zu Hause langsam ein ansehnliches Warenlager angewachsen ist – und dann war der Kaufimpuls doch wieder stärker. Natürlich ist an all dem der innere Schweinehund schuld – aber klingt das nicht zu sehr nach bequemer Ausrede, die wir immer dann hervorholen, wenn wir meinen, in einer Sackgasse gelandet zu sein? Wenn wir nach dem x-ten erfolglosen Versuch glauben, dass sich da wohl nie mehr etwas ändern wird?

Auch die Forschung (vgl. »Psychologie Heute«, Heft 12/07) hat sich in den vergangenen Jahrzehnten intensiv mit dem Problem der Selbstveränderung und Selbstüberwindung beschäftigt. Sie hatte dabei nicht so sehr den inneren Schweinehund im Auge, sondern eher den Menschen – aber vieles, was sie herausgefunden hat, hilft dabei, den Umgang mit dem kleinen Saboteur leichter zu gestalten.

Gewohnte Bahnen sind bequem

Neueren Forschungen zufolge sind es vor allem drei Gründe, die eine Selbstveränderung erschweren. Der erste hat einiges mit der Bequemlichkeit des Schweinehundes zu tun – und mit seiner Unlust, irgendetwas zu verändern. Er lautet: Wir sind fest davon überzeugt, dass gewohntes Verhalten auch das beste für uns ist. Blitzschnell stellen wir eine Kosten-Nutzen-Rechnung an und kommen zielgerichtet zu dem Ergebnis, dass das, was wir bisher gemacht haben, auch für die vorliegende Situation richtig sein muss. Dabei mag es bessere Alternativen geben – die wären aber mit Selbstüberwindung verbunden und daher aufwendiger. Also bleiben wir lieber im bekannten Gleis, in dem wir ohne Aufwand und damit vermeintlich kostengünstig zu einem Ziel kommen – und wählen statt des gesunden Salatbüffets, das uns bei unseren Abnehmbemühungen unterstützen würde, zum Mittagessen eben doch wieder die bekannte Fastfood-Variante.

Bekanntes schafft Wohlbefinden

Der bekannte Weg hat nicht nur den Vorteil, der vordergründig günstigste in unserer persönlichen Kosten-Nutzen-Rechnung zu sein. Meist belohnt er uns auch vorübergehend mit Wohlgefühlseinheiten. Denn häufig verstecken sich hinter den Verhaltensweisen Konflikte, die uns allerdings – und das ist das Tückische daran – im Moment der Entscheidung (und oft auch später) gar nicht bewusst sind. Wer also mittags statt des Salatbüfetts die Türen der Fastfood-Kette ansteuert, möchte sich vielleicht mit dem, was er dort bekommt, einen schnellen »Nahrungs-Kick« verschaffen und damit über die vielen kleinen Demütigungen seines Berufsalltags hinwegkommen. »Das gönne ich mir jetzt einfach«, mag als Gedanke im Raum stehen. Aber eigentlich verbirgt sich dahinter ein Konflikt, der eher mit einem Arbeitsplatzwechsel als mit einem neuen Diätversuch zu lösen ist. Ein anderes Beispiel: Wer sich mit vielen materiellen Dingen umgibt und sich kaum von etwas trennen kann, obwohl die Wohnung eigentlich schon überquillt, hat vielleicht unterschwellig Angst davor, mit den Sachen auch einen Teil seiner Identität wegzuwerfen. Das geerbte, aber ewig nicht gespielte Klavier steht für den Glauben, einer musikalischen Familie zu entstammen und damit eigentlich auch musikalisch zu sein (wenn man nur endlich dazu käme!), und die zahlreich auf Urlaubsreisen zusammengetragenen Erinnerungsstücke beweisen einem, dass man auch wirklich dort war. Würde man all das wegwerfen, könnte damit auch ein Teil der eigenen Identität auf dem Müll landen. Und außerdem war vielleicht vieles von dem, was man hat, richtig teuer. Das jetzt alles wegzuwerfen tut erst recht weh … Der Schweinehund lässt einen dann lieber auf der Nostalgiewelle reiten und erspart einem auf diese Weise unangenehme Gefühle.

Der innere Autopilot

Zuletzt – und wahrscheinlich ist das sogar der wichtigste Aspekt – spielen auch noch unsere Nervenbahnen eine große Rolle. Unsere Gewohnheiten, die Routinen und Glaubenssätze, also alles, was unser Handeln und unsere Einschätzung lenkt, haben sich nämlich – bildlich gesprochen – wie Straßen in unserem Nervensystem verankert. Neurologen würden das zwar etwas anders ausdrücken (dort würde es dann heißen, dass Verhaltensweisen »neurologisch gebahnt«, also »durch Nervenleitungen zwischen Neuronen verbunden sind«), für den Hausgebrauch ist das Straßenbild aber anschaulicher. Auf diesen Straßen, die mal breiter und mal schmaler sind, bewegen wir uns täglich. Alle Entscheidungsprozesse werden im Regelfall innerhalb dieser Bahnen gelenkt – und zwar vollautomatisch, ohne dass wir aktiv etwas dazu tun müssen. Das hat unbestreitbare Vorteile: Müssten wir für sämtliche Ereignisse, die von außen auf uns einströmen, erst individuelle Lösungen entwickeln, würden uns 24 Stunden am Tag wahrscheinlich nicht ausreichen. Auch die vielen täglichen Routi-

Hoch- und Tiefbau

Meine Fähigkeiten sind breit gestreut. Ich wusste natürlich, dass ich auch im Baubereich ganz talentiert bin. Baumärkte liebe ich besonders. Man kann dort so schön zwischen den hohen Regalen umherlaufen und sich schon darauf freuen, wie Frauchen und Herrchen beim Verlegen der neuen Fliesen scheitern werden. Ich hatte ja sowieso davon abgeraten, aber was soll ich mich groß anstrengen: Solche Vorsätze erledigen sich meist von allein.
Das mit dem Straßenbau im Nervensystem ist mir allerdings erst jetzt bewusst geworden. Eigentlich bin ich es nämlich, der diese ganzen Bahnen baut. Schließlich kann ich mir damit eine Menge Arbeit sparen. Viele kleine tägliche Sabotageakte kann ich auf diese Weise automatisieren und mich auf die wirklich großen Herausforderungen konzentrieren. So sorge ich mit meinen Highways der Bequemlichkeit dafür, dass Sie immer schön in den eingeschliffenen Bahnen bleiben und bloß nichts Neues wagen. Ich hoffe nur, dass meine Vorstellungen von Architektur nicht so schnell aus der Mode kommen.

nearbeiten, wie zum Beispiel Autofahren, können wir dadurch ohne Anstrengung erledigen. So sind wir also in der Lage, den Anforderungen des täglichen Lebens innerhalb unserer gewohnten Bahnen zu begegnen und eine Vielzahl von Aufgabenstellungen routiniert abzuarbeiten.

Andererseits stehen diese eingeschliffenen Bahnen auch für eine große Starrheit und Veränderungsresistenz. Andere, neue Lösungen zu entwickeln kostet Zeit und Kraft, der Ausgang ist ungewiss. Und so kommt es, dass der innere Schweinehund es zu seinen Hauptaufgaben erkoren hat, die Bahnen zu bewachen. Wie ein Türsteher, der darauf achtet, dass nur die Träger des goldenen VIP-Abzeichens in die Nobel-Disco kommen, achtet er darauf, dass immer alles schön in den gewohnten Bahnen verläuft.

Alles vergebens?

Das alles mag zunächst nicht sonderlich aufbauend klingen. Aber bei näherer Betrachtung decken sich die Schlussfolgerungen, die sich aus diesen Beobachtungen ziehen lassen, weitgehend mit den allgemeinen Kenntnissen über den inneren Schweinehund. Und das wiederum bedeutet, dass es sich um lösbare Probleme handelt. Wenn Veränderungen gelingen sollen, wenn Sie also in Zukunft mit Ihrem Schweinehund besser zurechtkommen wollen, dann hilft es, sich noch einmal die

folgenden wichtigen Aspekte vor Augen zu führen:

Seien Sie offen für Veränderungen

Dazu gehört, sich überhaupt erst einmal die Bereitschaft zuzugestehen, in Zukunft etwas anders zu machen als bisher. Der Grund dafür kann ein erheblicher Motivationsdruck sein, der sich ergibt, weil der bisherige Zustand zu viel Leiden schafft. Die Veränderungsbereitschaft kann aber auch aus purer Lust am Neuen entstehen. Und wäre es nicht eine lohnende Sache, wenn Sie zukünftig mit Ihrem inneren Schweinehund ein partnerschaftliches, von gegenseitigem Respekt getragenes Verhältnis hätten?

Bringen Sie sich noch einmal die Sabotagestrategien Ihres inneren Schweinehundes in Erinnerung

Wenn Sie eingeschliffene Gewohnheiten (und eine solche stellt auch Ihr bisheriger Umgang mit dem inneren Schweinehund dar) aufbrechen wollen, ist es von entscheidender Bedeutung, klar zu erkennen, was Sie bisher davon abgehalten hat, diese Gewohnheiten zu ändern. Sehen Sie sich noch einmal die Testergebnisse aus Kapitel 2 an (S. 61 ff.): Was für einen Typ Schweinehund haben Sie? Einen Hardliner? Oder eher einen, der nach Lust und Laune agiert?

Machen Sie sich auch noch einmal klar, was Ihr innerer Schweinehund mit seinen Sabotagestrategien eigentlich bezweckt

Wovor will er Sie schützen? Nur vor unangenehmen Gefühlen? Vor Überarbeitung? Möglicherweise fallen die Antworten hier etwas schwer. Der Grund liegt darin, dass in diesem Bereich vieles im Unbewussten abläuft. Aber Sie können sich den Antworten etwas besser annähern, wenn Sie sich noch einmal den Test auf Seite 20 ansehen. Wenn Sie wissen, wie Ihr Leben ohne einen Schweinehund aussehen würde, können Sie auch sagen, wovor Sie Ihr Schweinehund möglicherweise bewahren will.

Lösung in Sicht

Zu guter Letzt: Der gelungene Umgang mit dem inneren Schweinehund setzt nicht nur beim Schweinehund an, sondern auch bei Ihnen selbst, genauer: an der Struktur Ihres Nervensystems. Wenn es dort – wie oben beschrieben – tatsächlich straßenähnliche Bahnen gibt, auf denen wir uns bewegen, dann wird es zunächst erforderlich sein klarzustellen, dass ab heute ein neuer Weg genommen werden muss.

Aber selbst wenn Sie sich in einer fremden Stadt mithilfe des Stadtplans herausgesucht haben, wie Sie von A nach B kommen, dann garantiert allein diese Kenntnis noch nicht,

dass Sie tatsächlich auf Anhieb den Weg finden. Vielleicht finden Sie ihn sogar gleich, fühlen sich dann besonders sicher – und verlaufen sich prompt beim zweiten Mal. Sicher »wie im Schlaf« finden Sie den Weg erst dann, wenn Sie ihn mehrmals gegangen sind, denn erst die mehrmalige Wiederholung setzt eine Art Automatismus frei. Genauso müssen wir, insbesondere bei langfristigen Verhaltensänderungen, die Eigenheiten des Nervensystems berücksichtigen. Ein Vorhaben – und sei es auch mit noch so viel Elan und aus voller Überzeugung angegangen – kann scheitern, wenn Sie es ohne Rücksicht auf die Gesetzmäßigkeiten Ihres Nervensystems durchboxen wollen.

Sie sollten hier nicht überstürzen. Wenn Schweinehund und Nervensystem sehr behutsam verändert werden, kann beinahe nichts mehr schiefgehen.

Worauf zielen Sie ab?

Dass Sie in Zukunft tatsächlich auf eine andere Art und Weise mit Ihrem Schweinehund umgehen möchten – diese Entscheidung haben Sie längst getroffen. Prima, das war der erste wichtige Schritt. Jetzt stehen Ihre Ziele im Mittelpunkt. Egal, ob es generell um das Verhältnis zu Ihrem Schweinehund geht oder um eine Einzelaktion: Ohne klares Zielbild tut sich Ihr Schweinehund schwer, auf Ihre Wünsche einzugehen. Machen Sie ihm daher klar, was Sie eigentlich wollen.

Das Festlegen und Planen von Zielen nimmt in fast allen Zeitplanungsbüchern meist den größten Raum ein. Oft findet man dort auch noch den schönen Sinnspruch »Wer den Hafen nicht kennt, für den ist kein Weg der richtige«. Dieses weise Zitat stammt von dem römischen Philosophen Seneca. Recht hatte er damit. Und dennoch: Unser Schweinehund gähnt und meint, er könne den Spruch nicht mehr hören – und wir sind geneigt, es unserem Begleiter gleichzutun.

Schade eigentlich, denn in diesem Spruch, der auch in ungezählten anderen Variationen verbreitet ist, steckt sehr viel Wahrheit. Tatsächlich dürften wohl jede Form von Planung und jeder Vorsatz scheitern, wenn nicht eindeutig ist, welches Ziel eigentlich damit verfolgt wird. Und das gilt nicht nur für den großen Themenkomplex Zeitplanung. Auch für die Frage, ob wir uns überhaupt zu etwas aufraffen können, ob wir also motiviert sind, spielen die Ziele eine entscheidende Rolle.

Ziele sind der Turbo-Antrieb für Ihre Motivation

Psychologen haben bei ihren Forschungen im Wesentlichen zwei Motive gefunden, die Menschen zur Selbststeuerung antreiben (»Psychologie Heute«, Heft 10/01). Da wäre zum einen die Vorstellung davon, dass unser Handeln tatsächlich etwas bewirkt. Wer als Arzt davon überzeugt ist, dass ärztliche Tätigkeit an sich dazu beitragen kann, Menschen zu heilen, und dass er selbst als Arzt aufgrund seiner persönlichen Fähigkeiten auch Menschen heilen kann, bringt zumindest die Grundvoraussetzungen mit, sich (selbst) für seine Tätigkeit zu motivieren. Der zweite Aspekt, der sich motivationspsychologisch auswirkt, sind selbst gesetzte, als sinnvoll erkannte Ziele. Wichtig ist dabei allerdings, dass diese Ziele bestimmten Anforderungen genügen (dazu gleich mehr). Vor allem müssen sie im Rahmen unserer subjektiven Fähigkeiten liegen (womit wiederum der Kreis zur Wirksamkeit geschlossen wird). Anders ausgedrückt: Wer sich als absoluter Nichtsportler und mit 30 Kilogramm Übergewicht vornimmt, nächstes Wochenende einen Marathon zu laufen, wird das im Moment der Zielsetzung vielleicht ernst meinen – aber sein Schweinehund hat vorzügliche Chancen, diesen Vorsatz binnen 24 Stunden zu Fall zu bringen. In solchen Fällen bringt weniger oft mehr.

Vom Gesteuerten zum Steuermann

Ziele ermöglichen uns also, uns selbst – im wahrsten Wortsinne – zielgerichtet zu steuern. Aber nicht nur das: Ziele helfen uns auch dabei, unseren inneren Schweinehund zu beeinflussen. Sie ermöglichen uns, im Verhältnis zu unserem Schweinehund vom Gesteuerten zum Steuermann zu werden und endlich das Ruder selbst in die Hand zu nehmen. Das Problem ist nur: Solange wir nicht um die enorme Bedeutung sinnvoller und vor allem richtig formulierter Ziele wissen, ist es mit deren mehr oder minder halbherzigen Auswahl allein nicht getan. Denn für eine ausreichende Motivation müssen weitere Faktoren hinzukommen, die allerdings häufig aus einem Baukasten stammen, auf dem in großen Buchstaben »Druck und Belohnung« steht. Wenn wir genügend Druck zum Handeln verspüren (egal, ob er von außen, zum Beispiel von Vorgesetzten, oder von innen kommt), wird sich unser Schweinehund für eine kleine Weile zurückhalten – aber bei nächster Gelegenheit zurückschlagen. Und wenn wir uns aufgrund von Belohnungen (von anderen oder von uns selbst »gespendet«) aufraffen, freut sich der Schweinehund zwar und lässt uns sogar in Ruhe. Aber dieses Vorgehen weckt Begehrlichkeiten ungeahnten Ausmaßes – und bald werden kleinere Belohnungen nicht mehr ausreichen, um den

Schweinehund ruhigzustellen. Ein Verfahren also, das teuer werden kann, am Ende vielleicht unbezahlbar.

So sehen gute Ziele aus

Es geht also darum, Ziele so auszuwählen und zu formulieren, dass schon ihre Existenz eine ausreichende Sogwirkung zum Tätigwerden und Durchhalten erzeugt. Auch dafür hilft wieder ein Blick auf die Wirkweise unserer Steuerungszentrale, des Gehirns. Je mehr wir bei der Zielplanung diesen Aspekt einbeziehen, desto eher wird sich der Untermieter dieser Zentrale (der altbekannte Schweinehund) milde stimmen lassen.

An allererster Stelle steht eine einfache Formel: Ziele, die Sie sich setzen, sollten für Sie selbst **erreichbar** sein. Es nützt Ihnen nichts, wenn Sie sich in bester Absicht vornehmen, ab nächstem Monatsersten mal wieder alles auf einmal anders zu machen (also: mehr Zeit für die Familie, weniger essen, öfter mit dem Rad zur Arbeit fahren, sich vom Chef nichts mehr gefallen lassen und – ach ja, da war noch was – endlich auch weniger zu rauchen). Das mag gut gemeint sein, erfordert aber beinahe übermenschliche Kräfte und hat deshalb schon unabhängig von Ihren eigenen Fähigkeiten wenig Aussicht auf Erfolg. Ziele müssen aber nicht nur objektiv erreichbar sein, sondern auch **subjektiv machbar** erscheinen. Dabei geht es darum, dass das ge-

wählte Ziel für Sie persönlich – in Ihrer Vorstellungswelt – realistisch ist. Haben Sie sich zum Beispiel vorgenommen, mehr Ordnung in Ihren Alltag und in Ihre Wohnung zu bringen, und sind Ihre bisherigen Ordnungssysteme von einem – sagen wir – kreativen Chaos geprägt, dann können Sie sich natürlich vornehmen, kommenden Samstag den ganzen Keller zu entrümpeln – mit hoher Wahrscheinlichkeit werden Sie diesen Plan aber schon nach einer halben Stunde für misslungen halten und eine weitere halbe Stunde später wird sich Ihr Schweinehund zu einem kleinen Verdauungsschlaf zurückziehen – hat er doch gerade Ihren Vorsatz verspeist. Der Grund: Ihr Plan war eine Nummer zu groß geraten – und Ihr innerer Schweinehund hatte mit einem einfachen Satz aus seiner Trickkiste Erfolg: »Das ist ja viel zu viel, das schaffst du nie! Lass es sein!« Bildlich gesprochen lag zwischen Ihnen und Ihrem Ziel – ein aufgeräumter Keller – ein hoher Schweinehund-Berg, der eine riesige psychologische Hürde darstellt. Und Sie bekamen sehr schnell das Gefühl, Ihrem Vorhaben nicht gewachsen zu sein.

Lieber klein anfangen – und dann stark steigern

Ein einfacher Trick, um dieser Falle zu entkommen, besteht darin, von Anfang an die Hürden möglichst niedrig zu setzen. Wenn Sie die Zugangsschwellen beseitigen, Ihre Ziele also sozusagen barrierefrei gestalten, und sich den Anfang so leicht wie möglich machen (also erst mal nur ein Regal aufräumen, vielleicht sogar nur ein Regalbrett, nicht gleich den ganzen Keller), kommen Sie natürlich zunächst nicht so weit – aber das ist eben nur der Anfang. Der Vorteil: Die Chancen, dass Sie tatsächlich an Ihrem Vorhaben dranbleiben, steigen, denn Ihr Schweinehund wird sich in der Anfangsphase wesentlich zu-

rückhaltender geben. Er merkt in seiner schläfrigen Trägheit vielleicht gar nicht, dass Sie da gerade auf ein neues Ziel hinarbeiten – und bevor er tätig werden kann, haben Sie schon die Hälfte erledigt.

Das Flow-Modell (Seite 94) macht deutlich, warum das Gefühl der Machbarkeit bei der Festlegung Ihrer Ziele so wichtig ist. Wählen Sie Ihre Ziele eine oder zwei Nummern zu groß im Verhältnis zu Ihren Fähigkeiten, schlittern Sie direkt in die Überforderung hinein – Ihr innerer Schweinehund wird bissig und sabotiert Sie.

Starten Sie dagegen mit einem erreichbaren Ziel, lässt Ihr Schweinehund Sie erst einmal in Ruhe machen. Er gibt Ihnen auf diese Weise Gelegenheit, das Tempo behutsam zu steigern und sich schrittweise an größere Aufgaben zu wagen. Ihr Fernziel verlieren Sie dabei nicht aus den Augen – nur den Weg dorthin gestalten Sie um vieles angenehmer und motivierter.

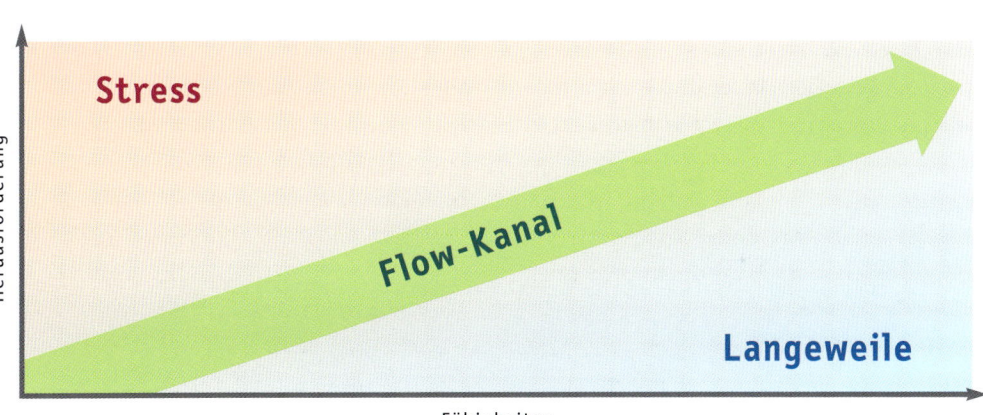

Know-how

GRÜNE WELLE FÜR IHRE MOTIVATION

Dauerhafte Motivation zu erreichen – wie das geht, daran forschen ungezählte Wissenschaftler seit Jahrzehnten. Die Veröffentlichungen dazu sind mittlerweile kaum noch zu überblicken. Klar ist auf jeden Fall: Die übliche Motivationsstrategie »Zuckerbrot und Peitsche« (= Belohnung und Druck) funktioniert zwar, mit ihr lässt sich aber keine dauerhafte Motivation erzielen. Wir können uns damit zeitweise, begrenzt auf eine bestimmte Aufgabe, aufraffen, wir können vielleicht sogar mehrere Jahre auf diese Weise überstehen – aber wenn der Druck nachlässt oder die Belohnungen uns nicht mehr reizen, lässt auch die Motivation schnell nach. Motivation, die wie ein Perpetuum mobile dauerhaft und ohne Energieeinsatz (nämlich Druck oder Belohnung) zur Verfügung steht, funktioniert jedenfalls anders.

Aber wie? Der US-amerikanische Professor Mihaly Csikszentmihalyi hat sich mit dieser Frage beschäftigt und in seinen Untersuchungen in Harvard erforscht, unter welchen Bedingungen es möglich ist, eine Aufgabe hoch motiviert, mit guten Ergebnissen und gleichzeitig mit Spaß an der Sache und Leichtigkeit zu bewältigen. Dauerhafte Motivation wird danach maßgeblich von zwei Faktoren beeinflusst:

- von der Herausforderung, der wir uns gegenübersehen,
- und von unseren eigenen Fähigkeiten.

Entscheidend ist dabei das Verhältnis dieser zwei Faktoren zueinander. Grundsätzlich sind drei Situationen denkbar:

- Stellen Sie sich vor, Sie kommen am Montagmorgen an Ihren Arbeitsplatz (einer von 1200 in einem mittelständischen Unternehmen), finden dort eine kurze handschriftliche Notiz vor und lesen: »Der Chef ist krank, seine Stellvertreter sind unterwegs – übernehmen Sie bis Freitag das Kommando.« Nun gut, wenn Sie schon bisher die Leitung eines größeren Betriebsbereiches übernommen hatten und Erfahrung in der Führung von Personal, der Beurteilung betriebswirtschaftlicher Zusammenhänge und der geschickten Gestaltung von Verkaufsverhandlungen haben, stellt das vielleicht kein allzu großes Problem für Sie dar. Sollten Sie allerdings bis jetzt eher gut eingebunden in einem größeren Team tätig gewesen sein und Verantwortung »nur« für Ihren überschaubaren Bereich getragen haben, könnte es sein, dass dem anfänglichen »Wow, ich darf Chef spielen und es allen zeigen«-Kick ziemlich schnell die Ernüchterung folgt. »Kann ich das überhaupt?«, fragen Sie sich dann vielleicht. Und noch bevor Sie sich eine Antwort dazu überlegen können, sollen Sie auch schon die ersten wichtigen Dokumente unterzeichnen … Möglicherweise ist das der Moment, in dem Sie Angst bekommen, ob Sie dieser Aufgabe tatsächlich gewachsen sind, und in Stress geraten.

Das wäre auch nur zu verständlich: Denn die Herausforderung, der Sie sich gegenübersehen, ist sehr hoch – und Sie haben in diesen Angelegenheiten zu wenig Erfahrung. Ihr Schweinehund würde es wahrscheinlich etwas weniger diplomatisch ausdrücken und sagen: Die Fähigkeiten reichen nicht aus. Also: Sind die Fähigkeiten eher gering, die Herausforderung aber sehr groß, geraten wir in Stress und bekommen es mit der Angst zu tun.

- Nun das Gegenbeispiel: dasselbe Unternehmen, derselbe Arbeitsplatz. Wieder Montagmorgen, auch ein Zettel. Aber diesmal steht darauf: »Wir wollen probieren, ob Sie flexibel genug für unser Unternehmen sind. Bis Freitag helfen Sie bitte in der Postverteilung.« Auch hier gilt wieder: Wenn Sie leidenschaftlich gern Organisationsarbeiten machen und Ihre Briefmarkensammlung eine Augenweide ist, dann reizt Sie das vielleicht sogar. Aber Ihre eigentliche Tätigkeit ist doch etwas abwechslungsreicher und mit mehr Verantwortung ausgestattet – wahrscheinlich werden Sie nach zwei Tagen Post sortieren und verteilen eher gelangweilt sein und sich fragen, ob Sie nicht möglicherweise etwas überqualifiziert sind für diese Tätigkeit. Ihr Schweinehund wird wahrscheinlich sagen: »Das ist ja eine Strafversetzung – da kann man nun wirklich nicht motiviert arbeiten.«

Auch diese Reaktion ist nachvollziehbar: Diesmal sind Ihre Fähigkeiten weit höher, als es Ihre Tätigkeit verlangt – die Folge sind Langeweile und letztlich auch wieder Stress, denn auch permanente Unterforderung erzeugt Stressgefühle.

Das Zwischenergebnis lautet: Überforderung wie auch Unterforderung zerstören auf Dauer jegliche Motivation.

- Nun stellen Sie sich Folgendes vor: Die Aufgaben, denen Sie täglich in Ihrem Beruf begegnen, fordern Sie zwar heraus. Sie sind sogar so gestaltet, dass Sie zuweilen ein wenig an der Grenze Ihrer persönlichen Fähigkeiten arbeiten. Aber Sie haben jederzeit das sichere Gefühl, dass Sie alles schaffen können. Ja, es ist sogar manchmal so, dass Sie von Ihrer Aufgabe regelrecht davongetragen werden und in einen Arbeitsrausch geraten – wie ein Musiker, der an der Grenze seiner Fertigkeiten spielt, aber das Stück und seine Interpretation jederzeit voll im Griff hat, oder ein Slalomläufer, der in hohem Tempo einen schwierigen Kurs fährt, aber immer mit dem Wissen, seine Skier zu beherrschen. Die Arbeit geht dann wie von selbst. Fähigkeiten und Herausforderungen stehen in einem optimalen Verhältnis zueinander. Und Ihr Schweinehund? Der ist ebenso begeistert wie Sie, denn er weiß: Wo keine Überforderungsgefahr besteht, muss er auch nicht eingreifen. Diesen Zustand, der eben beschrieben wurde, hat Mihaly Csikszentmihalyi in seinem Buch »Flow: Das Geheimnis des Glücks« beschrieben. Man bewegt sich darin gleichsam wie in einem Strömungskanal, umschifft Untiefen und Hindernisse, aber mit großer Leichtigkeit. Ein Zustand, der im Übrigen bei jeder Tätigkeit erreicht werden kann – egal, ob es sich um anspruchsvolle berufliche Arbeiten handelt, um ein Hobby oder nur um eine einfache Routinetätigkeit, der man auf den ersten Blick vielleicht überhaupt nichts abgewinnen kann.

Achten Sie auf die Sprache!

Erinnern Sie sich noch an den kleinen Sprachkurs im zweiten Kapitel (Seite 47 f.) Wenn nicht, schlagen Sie dort bitte noch mal nach. Richtige Kommunikation im Umgang mit dem inneren Schweinehund ist einer der entscheidenden Erfolgsfaktoren – das war das simple, aber wichtige Ergebnis. Es ging darum, dass Sie Ihren Schweinehund richtig verstehen. Jetzt wird es darum gehen, dass Ihr Schweinehund Sie versteht! Denn ebenso wichtig wie das Gefühl der Machbarkeit ist die richtige Formulierung Ihrer Ziele.

Ein Beispiel für einen Vorsatz: »In nächster Zeit will ich wirklich mal ein bisschen weniger fernsehen.« – Wirklich! Und der, der das sagt, meint das auch so. Das Problem: Sein Schweinehund versteht ihn nicht. Für ihn ist das ein Vorsatz wie Tausende andere auch – und die werden gefressen. Was aber wirklich mit diesem Satz gemeint ist, bleibt für den Schweinehund so fremd wie für Sie eine Rezeptsammlung, die in altertümlichen Schriftzeichen in Stein gemeißelt ist.

Aber warum ist das so? Der Grund dafür findet sich mal wieder in unseren Gehirnstrukturen.

Vorsicht vor der Negativfalle

Der erste Knackpunkt: die negative Formulierung »weniger fernsehen«. Das Problem an solchen Formulierungen ist, dass sich unser Gehirn keine rechte Vorstellung davon machen kann, was wir meinen. Es kann sich sehr gut eine Sahnetorte vorstellen, aber wie sieht das aus, wenn es sich »keine Sahnetorte« vorstellen soll? Probieren Sie das mal aus – gern auch länger. Wahrscheinlich wird die Sahnetorte, die Sie vor Ihrem geistigen Auge sehen, immer größer, je länger Sie »keine Sahnetorte« denken. Daraus folgt: Unser Gehirn kann nicht »nichts« denken. Es wird, solange es arbeitet, immer ein Bild von etwas entwerfen, auch von dem, was wir gerade nicht wollen. Und so kommt es, dass Vorsätze wie »weniger fernsehen« oder »nicht mehr rauchen« nicht erfolgversprechend sind. Was hingegen funktioniert, sind positiv formulierte Vorhaben. Nehmen Sie sich also vor, täglich nur noch eine Stunde fernzusehen (statt bisher drei), dann weiß Ihr Gehirn ganz genau, worauf es sich einstellen muss. Zu diesem positiven Befehl kann es sich ein Bild machen, genauso wie der Autoverkäufer, dem Sie sagen, dass Sie ein rotes Auto wollen, auch genau weiß, was er Ihnen verkaufen kann. (Sagen Sie hingegen, Sie wollen kein grünes Auto, weiß er immer noch nicht, was Sie eigentlich wünschen.) Mit der positiven Formulierung entsteht gleichzeitig auch ein Zielbild vor Ihrem inneren Auge, auf das Sie hinarbeiten können. Solche Bilder hat auch der Schweinehund gern, denn bildliches Denken liegt ihm weit mehr als analytisches Vorgehen.

Möglichst konkret

Der zweite Fehler in dem »Weniger fernsehen«-Vorsatz liegt in der fehlenden Messbarkeit dieses Vorhabens. Wie viel »weniger« darf's denn sein? 15 Minuten? Zwei Stunden? Und wann ist das Ziel eigentlich erreicht? Besser ist es, ein Vorhaben mit konkreten, nachprüfbaren Zahlen zu versehen: »Täglich eine Stunde fernsehen« – da wissen Sie und auch Ihr Schweinehund, worauf man sich einlässt. Ebenso wichtig wie die Messbarkeit ist im Übrigen auch die Terminierung: Bis wann

I wanna be a star!

Ach – Hollywood! Einmal eine kleine Rolle in einem Blockbuster spielen. Von Hauptrollen will ich ja gar nicht erst reden. Einmal den Schweinehund von Julia Roberts kennenlernen. Mein Lieblingsfilm? »Vom Winde verweht«. Weil der Titel so schön zu Ihren Vorsätzen passt. Na ja, Schweinehund-Träume eben … Zurück zum Thema. Ein Vorschlag zur Güte: Kommen Sie mir doch öfter mal ein bisschen entgegen, machen Sie sich einen Film! Keinen echten, nur einen im Kopf. Stellen Sie sich den Weg zu Ihrem Ziel vor, gehen Sie jeden einzelnen Schritt im Geiste durch, sehen Sie sich schon mal in der Rolle des strahlenden Siegers. Der Trick: Auch wenn Ihr Ziel noch in ferner Zukunft liegt, diese inneren Bilder erzeugen schon jetzt echte, positive Gefühle. Diese Gefühle entfalten eine

sehr reale Sogkraft, die Sie zu Ihrem Ziel hinzieht. Ein einfacher Trick, den auch wir Schweinehunde immer wieder anwenden. Als ich damals für mein großes Schweinehund-Abitur gelernt habe, bin ich immer wieder alle Schritte meiner Prüfung im Kopf durchgegangen – wie ich den Prüfungsraum betrete, die Aufgaben ausgeteilt werden, wie ich anfange zu schreiben, auch, wie ich Hindernissen begegne. Am Schluss hatte ich dann das Gefühl, diese Prüfung schon mehrmals geschrieben zu haben, es war fast Routine. Funktioniert also wirklich, man muss es nur anwenden. Ich lasse Sie bei Ihren Versuchen damit auch garantiert in Ruhe – schließlich kann ich dabei ein bisschen meinen Filmträumen nachhängen – vielleicht klappt's doch noch mit dem Oscar!

SCHWEINEHUNDSICHERE ZIELPLANUNG AUF EINEN BLICK

- Achten Sie bei Ihren Zielen und Vorsätzen auf das Gefühl der Machbarkeit – planen Sie lieber in kleinen Einheiten und steigern Sie sich dann langsam. Denken Sie daran: Überforderung weckt Ihren Schweinehund auf, er könnte bissig werden!

- Achten Sie auf schweinehundgerechte Sprache: Formulieren Sie positiv, möglichst mit genauen Vorgaben und konkreten Terminen!
- Machen Sie sich ein Bild oder – noch wirkungsvoller – einen Film von Ihrem Ziel! Je strahlender, desto besser!

soll der Fernsehkonsum eingeschränkt werden – ab sofort? In kleinen Schritten innerhalb des nächsten halben Jahres? Egal, welchen Zeitraum Sie sich zugestehen: Wichtig ist auf jeden Fall, dass Sie sich einen Endtermin setzen, bei größeren Vorhaben auch Zwischentermine. Halten Sie diese Termine schriftlich fest und kontrollieren Sie Ihre Zielerreichung regelmäßig.

Finden Sie Ihre Ziele

Vielen Menschen begegnet der innere Schweinehund täglich – bei den zahlreichen kleinen Herausforderungen des Alltags, bei denen wir uns immer wieder überwinden müssen: aufstehen, zur Arbeit gehen, unangenehme Aufgaben erledigen, einkaufen, Haushalt, vielleicht auch das eine oder andere Problem mit dem Partner besprechen. Aber auch bei den größeren Dingen des Lebens kann er auftauchen: eine berufliche Veränderung angehen, ein Haus bauen (oder doch lieber die Eigentumswohnung?), eine langfristige Beziehung eingehen, heiraten,

Kinder bekommen … Die Liste ist geradezu endlos. Manches davon lässt sich sicherlich am besten aus dem Augenblick heraus entscheiden. Für andere, insbesondere weitreichendere Entscheidungen und Vorhaben kann es aber nützlich sein, sich über die eigenen Lebensziele und Vorstellungen klar zu werden. Was will ich eigentlich erreichen im Leben? Wo möchte ich in einem, in fünf, in zehn Jahren stehen? Was davon muss ich machen, solange ich körperlich noch fit bin, und was kann ich mir für die Rente aufheben? Wenn Sie sich über ein paar dieser Dinge klar geworden sind, kann dies auch für den Umgang mit Ihrem Schweinehund hilfreich sein. Denn seine Sabotageattacken nehmen ab, wenn er um die Bedeutung eines bestimmten Vorsatzes weiß und diesen in einen größeren Zusammenhang einbauen kann – anders gesagt: Wenn Sie sich selbst über den Sinn Ihres Handelns klarer sind und dieses in einen größeren Zusammenhang stellen können, fällt es Ihnen wesentlich leichter, sich dazu aufzuraffen.

Vier Säulen für die Lebensziele

Ein hilfreiches Grundmodell für die Suche nach den Lebenszielen findet sich bei dem iranischen Arzt Nossrat Peseschkian. Sie kennen dieses Modell bereits aus dem ersten Kapitel – dort hatten Sie die Aktionsbereiche Ihres persönlichen Schweinehundes mithilfe dieses Modells erforscht. Peseschkian beschäftigte sich bei seinen Forschungen in 16 Kulturkreisen intensiv mit den Bereichen, die für Glück, Zufriedenheit und ein erfülltes Leben wichtig sind. Er fand dabei kultur- und länderübergreifend vier Säulen, die unser Leben tragen. Und auch wenn jeder Mensch die Inhalte dieser Lebensbereiche für sich persönlich völlig unterschiedlich definieren wird, werden wahrscheinlich – ganz allgemein betrachtet – alle ihr Leben um diese vier Bereiche herum gestalten. Die Inhalte der vier Säulen finden Sie in der Übersicht rechts.

Alles im Fluss

Bevor Sie nun – wenn Sie möchten – darangehen, Ihre eigenen Lebensziele zu erforschen, noch ein Hinweis: Je nach Alter und persönlicher Lebenssituation verändern sich die Bedeutung der Lebensbereiche und damit möglicherweise auch die Ziele. Für einen jungen Menschen mag zunächst einmal der Beruf an erster Stelle stehen. Dann geht es

BERUF & FINANZEN
- Arbeit und Leistung
- Erfolg und Karriere
- Fachliche Weiterbildung
- Vermögen und Wohlstand

FAMILIE & SOZIALE KONTAKTE
- Ehe- oder Lebenspartner
- Kinder und Familie
- Freunde und Bekannte
- Soziales und politisches Engagement

GESUNDHEIT & FITNESS
- Ärztliche Vorsorgemaßnahmen
- Gesunde Ernährung
- Sport und Bewegung
- Erholung und Entspannung

SINN & KULTUR
- Lebenssinn und Werte
- Selbstverwirklichung
- Religion und Philosophie
- Geistiges Wachstum

um Familie und Freunde, während die Frage nach dem Lebenssinn vielleicht erst einmal in den Hintergrund tritt. Für einen älteren Menschen wird wahrscheinlich der Beruf nicht mehr an erster Stelle stehen – da geht es eher um Gesundheit und zunehmend auch um die »großen Fragen« des Lebens. Es ist also völlig normal, wenn sich die Lebensziele im Lauf des Lebens immer wieder verschieben und neu gewichtet werden müssen – es lohnt sich, sich alle paar Jahre erneut über seine Ziele klar zu werden.

Test

IHR PERSÖNLICHER ZIELE-CHECK

Idealerweise nehmen Sie sich für die Beantwortung der folgenden Fragen an einem ruhigen Sonntagnachmittag zwei Stunden Zeit. Machen Sie es sich bequem, sorgen Sie dafür, dass Sie ungestört sind. Möglicherweise stellen Sie fest, dass Ihnen diese zwei Stunden nicht reichen, vielleicht auch, weil Sie sich bisher noch nie richtig über Ihre Lebensziele Gedanken gemacht haben. Dann kann es sinnvoll sein, sich mit diesem Thema ein wenig ausführlicher zu beschäftigen – Sie werden im vierten Kapitel (Seite 118 ff.) erfahren, wie Sie die für Sie wichtigen Werte erkennen. Hier geht es zunächst eher um einen Überblick, um eine möglicherweise sogar etwas oberflächliche Zusammenstellung, die Ihnen im Konfliktfall Argumentationsfutter für Ihren Schweinehund geben soll. Wenn Sie sich über einige der gestellten Fragen klarer sind, fällt es Ihnen zukünftig leichter, Ihren inneren Schweinehund im Streitfall freundlich, aber bestimmt auf diese Ziele hinzuweisen.

Lebensbereich: Beruf und Finanzen

Welche berufliche Position möchte ich erreichen – in einem Jahr, in fünf Jahren, in zehn Jahren?

_____

_____

_____

Welche Ausgleichsmöglichkeiten zu meiner beruflichen Belastung möchte ich mir schaffen – Hobbys? Sport?

_____

_____

_____

Gibt es – innerhalb meines Berufs – Bereiche, in denen ich mich noch weiterentwickeln möchte (Fortbildung, Lehrgänge)?

_____

_____

_____

Wie steht es um meine Finanzen? Welche kurz-, mittel- und langfristigen Vermögensbildungsziele habe ich?

_____

_____

_____

Lebensbereich: Familie und soziale Kontakte

Welche Ziele habe ich in Bezug auf meine Ehe/meine Partnerschaft? Läuft alles optimal? Trägt der jetzige Zustand die Partnerschaft auch in fünf oder zehn Jahren noch?

_____

_____

_____

Falls Sie Kinder haben: Wie möchte ich mein Verhältnis zu ihnen gestalten – jetzt, in fünf Jahren, in zehn Jahren? Was möchte ich ihnen mitgeben und ermöglichen?

_____

_____

_____

Falls Sie keine eigenen Kinder haben: Gehört Nachwuchs zu meinen Lebenszielen?

_____

_____

_____

Wie möchte ich meinen Freundeskreis gestalten? Habe ich ein verlässliches Netzwerk aus Freunden und Bekannten oder möchte ich mir dies noch aufbauen? Wie pflege ich meine Freundschaften?

_____

_____

_____

_____

Möchte ich mich ehrenamtlich, im sozialen oder politischen Bereich engagieren? Wenn ja, wo?

_____

_____

_____

_____

Lebensbereich: Gesundheit und Fitness

Ganz allgemein: Fühle ich mich gesund? Oder würde ich mich gern fitter/vitaler/gesünder fühlen?

_____

_____

_____

_____

Bin ich mit meinen Ernährungsgewohnheiten zufrieden oder meine ich schon länger, dass ich da etwas ändern könnte?

_____

_____

_____

Bewege ich mich ausreichend? Gibt es eine oder mehrere Sportart(en), die ich gern ausüben würde?

_____

_____

_____

Gönne ich mir ausreichend Erholungs- und Auszeiten?

_____

_____

_____

Lebensbereich: Sinn und Kultur

Gibt es einen speziellen Sinn, eine Vision in meinem Leben? Falls nicht: Wie könnte diese aussehen?

_____

_____

_____

Nach welchen Werten lebe ich? (siehe auch Seite 119 ff.)

_____

_____

_____

_____

Gibt es im kulturellen Bereich Themen, die mich (mehr) interessieren – Kunst, Literatur, Musik? Was möchte ich in meinem Leben gesehen haben (zum Beispiel Bauwerke, Museen)?

_____

_____

_____

_____

Gibt es Bereiche, in denen ich meinen Horizont noch erweitern möchte – zum Beispiel andere Kulturen kennenlernen oder mich mit etwas beschäftigen, das außerhalb meines erlernten Berufs liegt?

_____

_____

_____

_____

Der Pfad des Wohlgefühls

Mit seinen Forschungen zum Flow gelang es Mihaly Csikszentmihalyi nachzuweisen, dass sich optimale Motivation genau zwischen den Polen der Unter- und der Überforderung abspielt. Eine wirklich erstaunliche Erkenntnis dabei war: Das Gefühl des Flow, des völligen Aufgehens in einer Sache, war nicht von der Qualität der ausgeübten Tätigkeit abhängig. Der Grund dafür liegt in der Funktionsweise des menschlichen Gehirns.

Vielleicht ist das eines der interessantesten Ergebnisse der Flow-Forschung: Egal, ob es sich um eine besonders schwierige Arbeit handelte, die eine hohe Qualifikation erfordert (zum Beispiel eine schwierige Herzoperation), oder eine einfache Tätigkeit wie Routinearbeiten am Produktionsfließband einer Autofabrik – immer gaben die Testpersonen in ihren Fragebögen an, dass sie dann am zufriedensten waren, wenn die gerade ausgeübte Beschäftigung sie ganz forderte, ihre völlige Aufmerksamkeit in Anspruch nahm, sich ihr Fokus also auf eine Sache beschränkte und keine Möglichkeit bestand, abzuschweifen. Und Csikszentmihalyi schreibt in seinem Buch »Flow im Beruf«: Selbst wenn die Testpersonen subjektiv der Ansicht waren, dass sie am Wochenende, in ihrer Freizeit, zufriedener und glücklicher seien – die Testbögen, die sie während ihrer Arbeitszeit ausfüllten, widersprachen dem. Denn auf diesen waren die angekreuzten Werte höher.

Flow auf jedem Niveau

Unser innerer Schweinehund widerspricht angesichts dieser Ergebnisse erwartungsgemäß erst mal – denn seine Devise lautet ja: Motivation kommt – aber noch nicht jetzt! Dazu muss man erst noch die richtige Stelle finden, eine zusätzliche Ausbildung machen, weitere Anreize (vor allem finanzieller Art) schaffen – und überhaupt: erst mal richtig in Stimmung kommen. Es entspricht seiner Strategie von Verzögerung und Ablenkung, auf die weiter entfernte Zukunft zu verweisen und uns weiszumachen, dass Motivation ohne weitere Investition und damit verbundener Anstrengung nicht möglich sei. Aber da hat er erfreulicherweise unrecht! Denn die biologischen Vorgänge, die in uns das Flow-Gefühl auslösen, sind weitgehend unabhängig von solchen äußeren Faktoren. Es lohnt sich, diesen Mechanismus etwas genauer zu betrachten.

Was passiert im Körper, wenn wir eine Tätigkeit ausüben, die uns gerade im richtigen Maße fordert, die weder zu langweilig noch zu schwer für uns ist, die unsere ganze Aufmerksamkeit in Anspruch nimmt und uns dennoch leicht von der Hand geht? In diesem Bereich ist noch nicht alles erforscht, daher sind Erklärungen für die biologischen Vorgänge oft noch Hilfskonstruktionen, die mit zahlreichen Vermutungen arbeiten. In seinem Buch »Die Glücksformel« stellt der Physiker und Autor Stefan Klein ein Modell dar, in dem Dopamin eine entscheidende Rolle spielt.

Boten im Gehirn

Dopamin ist eine vom Körper selbst hergestellte Substanz, die als sogenannter Neurotransmitter dafür zuständig ist, dass Informationen von einer Nervenzelle zur nächsten gelangen. Sie hat also eine Botenfunktion in unserem Gehirn.

Wenn wir uns gezielt einer Aufgabe widmen, dann kommt es – so vermuten zumindest viele Wissenschaftler – zu einer vermehrten Dopaminausschüttung. Dieser Vorgang bewirkt nun zweierlei:

- Zum einen ist das Gehirn besser als sonst in der Lage, Wichtiges von Unwichtigem zu unterscheiden.
- Da wir konzentrierter sind, fällt es uns auch leichter, schneller zu denken. Wir sind kreativer als sonst, die Arbeit geht uns leichter von der Hand.

Die Folge dieser einfachen Form von Gehirndoping lässt meist nicht lange auf sich warten: Die Arbeit, die uns leichtfällt, gelingt uns auch, wir haben Erfolg damit, was wiederum gute Gefühle in uns auslöst … und diese motivieren uns für die nächsten Etappen. Gleichzeitig lässt sich aber auch erkennen, dass dieser Motivationskreislauf nachhaltig gestört werden kann, wenn einzelne Faktoren nicht stimmen:

● Ist die Aufgabe **zu schwer,** entspricht sie also nicht unseren Fähigkeiten, bleibt das Erfolgserlebnis aus – die positiven Gefühle fehlen, die Folge sind Frust und Stress.

● Ist die Aufgabe hingegen **zu leicht,** sehen wir darin von vornherein keine ausreichende Herausforderung – und machen uns erst gar nicht die Mühe, Energie zu investieren. Denn vor allem in der Anfangsphase einer Tätigkeit brauchen wir die Herausforderung als Nervenkitzel, um uns überhaupt aufzuraffen. Selbst wenn die Aufgabe ein klein wenig über unseren Fähigkeiten liegt, verspricht uns diese Herausforderung, dass am Ende, wenn das Ziel erreicht ist, gute Gefühle stehen. Und diese Aussicht auf Belohnung lässt uns Anstrengungen in der Anfangsphase leichter ertragen.

Schwierig ist nur der Anfang

Am Anfang allerdings steht – Sie ahnen es – der innere Schweinehund. Er verbaut uns mit seiner auf kurzfristiges Wohlbefinden gerichteten Strategie erst einmal den Einstieg in den »Pfad des Wohlgefühls«, in das Flow-Erlebnis. Denn Schweinehunde sind fest davon überzeugt, dass sich die anfängliche Überwindung einfach nicht lohnt. Aber das ist ein Irrtum. Auch wenn wir uns am Anfang zu einer Tätigkeit aufraffen müssen und erst einmal mehr

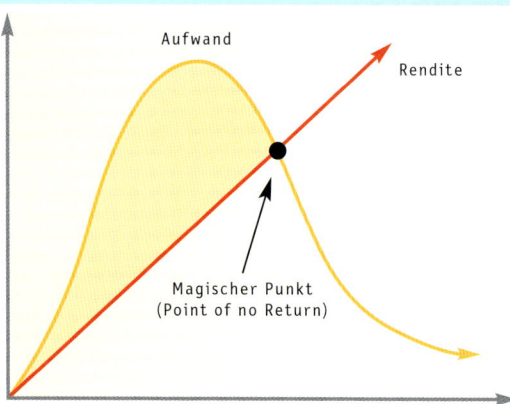

Den »Berg« in der Anfangsphase gilt es zu überwinden!

Anstrengung als Wohlgefühl verspüren – nach einer gewissen Zeit wird die Sache zum Selbstläufer, die Aufgabe zieht uns in ihren Bann, und der Schweinehund läuft sogar begeistert voran und zieht uns mit. Denn seinem Ziel, uns Wohlgefühle zu bescheren, ist er ja jetzt ein ganzes Stück näher gekommen.

Wegweiser zum Pfad des Wohlgefühls

Das Gefühl des Flow können Sie also erleben, wenn sich Herausforderungen und Fähigkeiten die Waage halten, wenn Sie sich fordern, ohne sich zu überfordern. Aber was, wenn einer dieser beiden Faktoren nicht stimmt – wenn die Tätigkeit, der Sie sich gegenübersehen, Sie zu Tode langweilt oder aber viel zu hohe Anforderungen an Sie stellt? Hier empfehlen sich zwei Navigationshilfen, die Sie auf den Pfad des Wohlgefühls zurückbringen können:

Kurzer Einblick in die Schweinehund-Betriebswirtschaft

Ich bin ja kein so guter Rechner – kurz- und langfristige betriebswirtschaftliche Erfolgsrechnungen überlasse ich gern meinem Menschen, der kann das einfach besser. Ein Modell interessiert mich allerdings doch: nämlich das Verhältnis von Aufwand und Ertrag bei einer Tätigkeit, zum Beispiel auch bei einer langfristigen Verhaltensänderung. Hoffentlich bekomme ich das noch richtig zusammen. Am Anfang ist der Aufwand sehr hoch, die Rendite aber sehr gering – das ist die Phase, die ich gar nicht mag. Das bedeutet oft puren Stress, vor dem ich meinen Menschen ja bewahren will. Nach ein paar Wochen (so sechs bis acht) wird's aber interessant: Da dreht sich das Verhältnis nämlich um! Mit einem Mal ist die Rendite an Wohlgefühlseinheiten wesentlich größer als die Selbstüberwindung. Man kann kaum noch aufhören, weshalb ich diesen magischen Punkt, ab dem es praktisch von selbst läuft, auch gern »point of no return« nenne – na ja, ein bisschen kosmopolitisch muss ich mich ja geben im Zeitalter der Globalisierung. Jedenfalls gilt: In der Anfangsphase viel Aufwand, wenig Rendite; später aber hohe Rendite, wenig Aufwand. Betriebswirtschaftlich betrachtet macht erst die zweite Phase richtig Spaß, also gilt es, bis zu dieser durchzuhalten. Reden Sie ruhig mal mit mir über dieses Modell – ich bin da gern der Berater Ihres Vertrauens!

1. Machen Sie es sich leichter

Überfordert Sie die Tätigkeit, die Sie ausüben, dann versuchen Sie, diese einfacher zu gestalten. Bei praktisch jeder Beschäftigung – egal, ob im Beruf oder privat – gibt es eine Fülle von Stellschrauben, an denen Sie drehen können, um die Herausforderung ein wenig mehr Ihren Fähigkeiten anzupassen. Die zentrale Frage lautet: Wie wird das Vorhaben für mich machbar? Das Erstaunliche: Oft sind es nur ganz geringe Veränderungen, die dazu beitragen, das Gefühl der Überforderung zu beseitigen. Hier einige Hebel, an die Sie Hand anlegen können, wenn Ihnen Ihre Aufgaben über den Kopf zu wachsen drohen:

● **Planung überdenken:** Möglicherweise sind Ihre Planungsziele zu eng gesteckt. Oft wird bei Plänen die gesamte zur Verfügung stehende Zeit verplant. Dabei übersehen wir aber, dass schon ein unvorhergesehener Zwischenfall den gesamten Plan umstürzen kann. Daher gilt: Im Optimalfall sollten nur etwa 60 Prozent des Arbeitstages beziehungsweise der zur Verfügung stehenden Zeit verplant werden – der Rest wird als Pufferzeit vorgesehen.

● **Zu wenig Pausen:** Auch Pausen sollten Bestandteil jeder Planung sein, egal, ob es um der Erstellung einer Präsentation für ein neues Produkt geht oder um die Bergtour am nächsten Wochenende. Natürlich kann es sein, dass eine Tätigkeit Sie derart in den Bann zieht, dass Sie jede Pause als Zumutung empfinden. Aber im Regelfall gilt: Sie tun sich keinen Gefallen, wenn Sie stundenlang durchpowern. Mittelfristig betrachtet ist das eher ein Stressfaktor. Wichtig: Machen Sie Pausen und Erholungszeiten zum Bestandteil Ihrer Planung – von allein ergeben sie sich im Regelfall nicht. Und der Schweinehund ist in dieser Hinsicht kein guter Ratgeber, denn er wird Ihnen garantiert dann eine Pause verschaffen, wenn Sie sie überhaupt nicht brauchen können. Da er in der Wahl seiner Mittel nicht zimperlich ist, kann das auch mal eine Krankheit sein, die Sie für ein paar Tage außer Gefecht setzt.

● **Zu viel auf einmal:** die wichtige Präsentation bis Freitag, die Budgetplanung bis Montag, das Problem aus der Produktion, die deswegen seit Tagen immer wieder hängt, und ein unzufriedener Kunde, der das Telefon blockiert. Ach ja: Ihr Kind liegt mit Bronchitis im Bett. Jede einzelne Aufgabe an sich ohne Weiteres zu managen – in der Summe aber kaum machbar. Auch solche Situationen sorgen zielsicher dafür, dass Sie den Pfad des Wohlgefühls verlassen und sich direkt auf die Nebenstrecken begeben, die meist nicht einmal geteert sind. Wenn Sie in solchen Fällen nichts aufschieben können, dann hilft nur, es abzugeben. Organisieren Sie sich Hilfe, und zwar so lange, bis die Belastung wieder auf ein machbares Maß gesunken ist. Idealerweise entwickeln Sie bereits vorsorglich derartige Hilfskonstruktionen. In vielen Unternehmen bestehen umfangreiche Vertretungspläne; solche »Pläne« lassen sich auch für den privaten Bereich machen, was besonders dann sinnvoll ist, wenn Sie Kinder haben.

● **Zu schwierig:** Ja, auch das ist möglich. Die Aufgabe, die Ihnen gestellt wurde – oder die Sie sich selbst gesetzt haben –, ist tatsächlich zu schwierig. Das gestehen wir uns nicht gern ein, es kommt aber durchaus vor. Handelt es sich dabei um Ihren Privatbereich, zum Beispiel ein Hobby, dann ist die Lösung recht einfach: Da Sie sich das Ziel selbst – zu hoch – gesteckt haben, können Sie es ohne Weiteres auch selbst etwas niedriger hängen. Problematischer ist das natürlich, wenn die Anforderungen von außen an Sie herangetragen werden, was vor allem im Berufsleben eine Rolle spielt. Dann gilt: Es ist keine Schande, sondern eher ein Zeichen von Professionalität, Hilfe in Anspruch zu nehmen. Auch hoch qualifizierte Spezialisten stehen immer wieder vor Aufgaben, bei denen der zielgerichtete Rat eines Kollegen mehr bringt als tagelanges Wälzen von Fachliteratur. Und selbst wenn Ihre Kollegin oder Ihr Kollege in die Sache selbst nicht eingearbeitet ist: Gerade aus der Außensicht kann manchmal der entscheidende Hinweis kommen.

2. Machen Sie es interessanter

Und im umgekehrten Fall? Wenn Sie die Routine des Berufslebens nur noch langweilt, weil Sie die 23 Varianten der Lohnabrechnung schon auswendig können und neue Aufgaben nicht in Sicht sind? Wenn auch am Feierabend immer nur der Fernseher winkt und die Tagesthemen der ultimative Höhepunkt des Abends sind? Dann gilt: Genau so, wie sich die meisten Aufgaben vereinfachen lassen, können Sie auch vieles interessanter gestalten. Das erfordert manchmal ein wenig Fantasie und Kreativität, funktioniert aber dafür umso besser.

● **Optimieren Sie Ihre Arbeit und suchen Sie sich Aufgaben:** Wenn Sie Ihre berufliche Tätigkeit langweilt, dann haben Sie wahrscheinlich schon alles getan, um die Abläufe zu optimieren und möglichst zeitsparend zu arbeiten. Manchmal allerdings können solche Vorhaben auch von der täglichen Routine ver-

schluckt werden. Sehen Sie sich Ihre Arbeitsabläufe daher ruhig noch einmal kritisch an. Vielleicht lässt sich hier noch eine ganze Menge effizienter gestalten. Wenn Sie sicher wissen, wie viel Zeit Ihnen zusätzlich zur Verfügung steht, können Sie sich neue Betätigungsfelder innerhalb des Unternehmens suchen. Oft ist es so, dass innerhalb einer Abteilung ein oder zwei Mitarbeiter zahlreiche Aufgaben bei sich bündeln und immer laut »Hier!« rufen, wenn etwas zu tun ist, während andere eher nicht an Überarbeitung leiden. Manchem ist das ganz recht, der sucht vielleicht seine Befriedigung eher in der Freizeit. Wenn Sie aber vorhaben, Ihre Arbeit interessanter zu gestalten, können gezielte Vorschläge zur Neuorganisation dabei helfen. Vielleicht ist es möglich, einen neuen Aufgabenbereich erst einmal versuchsweise für zwei Monate zu übernehmen, um zu sehen, ob Sie der neuen zusätzlichen Aufgabe auch tatsächlich gewachsen sind.

● **Bilden Sie sich weiter:** Wenn Ihr derzeitiger Arbeitsplatz selbst mit neuen Aufgaben keine Herausforderung mehr für Sie darstellt, ist es vielleicht an der Zeit, an Ihrer Qualifikation zu arbeiten. Zeit für berufsbegleitende Lehrgänge haben Sie ja mit großer Wahrscheinlichkeit, denn Überstunden fallen wohl keine mehr an. Eine Möglichkeit ist, im Vorfeld mit Ihrem

Arbeitgeber über Ihre Pläne zu sprechen – häufig hat auch er ein Interesse daran, dass seine Mitarbeiter sich weiterqualifizieren. Gegebenenfalls übernimmt er auch einen Teil oder sogar die gesamten Ausbildungskosten. Wenn Sie dagegen wissen, dass Sie nach der Ausbildung den Job wechseln wollen oder müssen, dann können Sie sich bereits frühzeitig und aus einer sicheren und ungekündigten Stellung heraus nach einem neuen Arbeitsplatz umsehen.

Möglicherweise wird Ihr Schweinehund jetzt aufheulen und sagen: »Bist du verrückt – bei der Arbeitsmarktsituation die sichere Stelle aufgeben und die Unsicherheit eines neuen Arbeitsplatzes auf dich nehmen – lass lieber alles so, wie es ist.« Ganz unrecht hat er damit natürlich nicht – ein Arbeitsplatzwechsel ist immer ein Risiko. Andererseits: Machen Sie Ihrem Schweinehund klar, wie es Ihnen und damit auch ihm gehen wird, wenn Sie Ihren derzeitigen Job, der Sie vielleicht schon seit Jahren nicht mehr genügend fordert, weitere fünf oder zehn Jahre behalten. Wahrscheinlich wird das alles andere sein als der »Pfad des Wohlgefühls« und das wird auch Ihren Schweinehund überzeugen.

● **Machen Sie etwas aus Ihrer Freizeit:** Auch wenn sich manchmal der Eindruck aufdrängen mag – entgegen landläufiger Meinung stellt der Fernseher nicht die einzige Freizeitbeschäftigungsmöglichkeit dar. Sollten Sie also das Gefühl haben, dass Ihnen Ihre Feierabende und Wochenenden nicht genügend bieten – Abhilfe ist in Sicht. In diesem Bereich können Sie ohne viel Aufwand manches interessanter gestalten. Gerade der kulturelle Bereich bietet die Möglichkeit, aus dem gewohnten Lebenskontext herauszutreten und den eigenen Horizont zu erweitern. Natürlich denkt man da zuerst an die zahlreichen Angebote wie Konzerte, Theater, Oper, Vorträge etc. Und natürlich muss man sich dazu aufraffen, die Karten besorgen, das Haus verlassen. Aber der Gewinn liegt nicht nur im unmittelbaren Kunstgenuss, sondern auch in der Chance, andere interessierte und interessante Menschen zu treffen. Ebenso können Sie die Langeweile aber auch durch eigene Aktivität vertreiben. Auch hier nur ein paar Hinweise: Warum nicht selbst ein Instrument oder eine Fremdsprache lernen, warum nicht in einem Verein oder einer sozialen Einrichtung aktiv werden. Die Möglichkeiten, den privaten Lebensbereich interessanter zu gestalten, sind mannigfaltig. Sollte Ihr Schweinehund gar zu sehr meutern, hier noch ein Argument, das ihn überzeugen kann: Aktives Tun hilft nicht nur, die Langeweile zu überwinden, sondern auch das, was der Langeweile häufig auf dem Fuß folgt: Trübsal und Niedergeschlagenheit. Für derartige Gefühlslagen bleibt dem Gehirn nämlich schlicht keine »Prozessorleistung« übrig, wenn es anderweitig gefordert wird. Bringt uns die Tätigkeit, die wir aus-

üben, dann auch noch Wohlgefühlseinheiten durch Erfolg, haben schlechte Laune und Trübsal keine Chance mehr.

Nehmen Sie sich, wenn Sie möchten, jetzt ein paar Minuten Zeit und überlegen Sie, welche Tätigkeiten in Ihrem Beruf und in Ihrem Privatleben Sie überfordern und welche Sie unterfordern. Überlegen Sie sich dann, wie Sie die Aufgaben leichter beziehungsweise interessanter gestalten könnten.

ZUM PFAD DES WOHLGEFÜHLS

Übung

Tätigkeiten, die mich überfordern = Stress

_____

_____

_____

_____

_____

Tätigkeiten, die mich unterfordern = Langeweile

_____

_____

_____

_____

_____

So könnte ich es leichter machen

_____

_____

_____

_____

_____

So könnte ich es interessanter machen

_____

_____

_____

_____

_____

Und wie geht's konkret?

Vieles, was wir über Verhaltensänderungen, Motivation und Strategien lesen, wird leider wie ein Schreiben vom Finanzamt behandelt: zur Kenntnis nehmen, abheften, vergessen. Dabei ist der Transfer in den Alltag gar nicht so schwer. Damit er Ihnen diesmal gelingt, erhalten Sie hier die wichtigsten Umsetzungstipps. Damit werden Sie zum Profi in allen Schweinehund-Angelegenheiten.

Einer der Hauptgründe für die gescheiterte Umsetzung von Verhaltensänderungen ist sicherlich, dass wir uns der Schwierigkeiten, die auf uns zukommen können, gar nicht bewusst sind. Denn erst wenn Sie wissen, wo die Probleme liegen, können Sie auch Lösungen dazu entwickeln. In diesem Punkt haben Sie allerdings schon einen entscheidenden Vorsprung: Sie kennen Ihren Gegner inzwischen sehr genau. Und es gilt: Ein erkannter Gegner ist nur noch halb so gefährlich.

Machen Sie ruhig Unterschiede

Um den Bedürfnissen Ihres Schweinehundes optimal gerecht zu werden, empfiehlt es sich, bei Ihren Vorhaben eine wichtige Unterscheidung zu treffen:

● **Einmalaktionen** sind die Vorhaben, die sich an einem einzigen Termin erledigen lassen (auch wenn Sie sie unter Umständen über einen längeren Zeitraum ausdehnen). Das können zum Beispiel sein: Entrümpelungsaktion, Arztbesuch, Wohnungsrenovierung, die Vorbereitung einer Präsentation oder die Ausarbeitung eines Vertriebsplanes etc.

● **Langfristige Verhaltensänderungen** sind hingegen diejenigen Vorhaben, die darauf abzielen, unser Verhalten und unsere Gewohnheiten zu ändern, zum Beispiel regelmäßiges Jogging, Änderung der Ernährung (vielleicht mit dem Ziel der Gewichtsreduzierung), eine berufliche Weiterbildungsmaßnahme, das Erlernen einer Fremdsprache oder eines Musikinstruments etc.

Für beide Fälle gibt es spezielle Anti-Schweinehund-Strategien, die berücksichtigen, dass auch Ihr innerer Schweinehund je nach Vorhaben unterschiedlich handelt. Speziell bei den langfristigen Verhaltensänderungen, bei denen auch die Besonderheiten unseres Nervensystems beachtet werden müssen, ist Erfolg nur gewährleistet, wenn es gelingt, den Schweinehund einzubeziehen – gegen ihn läuft gar nichts.

Einmalaktionen

Für Einmalaktionen gibt es zwei mögliche Herangehensweisen, die sich letztlich nur in ihrem Zeitbedarf unterscheiden.

● **Hauruck-Verfahren:** Sie können Ihr ganzes Vorhaben auf einmal erledigen. Das empfiehlt sich insbesondere bei weniger zeitintensiven Plänen, für deren Bewältigung Sie maximal ein paar Stunden benötigen. Im Regelfall erzeugt die Aufteilung auf mehrere Termine in solchen Fällen nur

TO-DO-LISTE FÜR IHREN SCHWEINEHUND

Übung

Schreiben Sie Ihrem Schweinehund auf, was ihn in der nächsten Zeit erwartet: in der nächsten Woche, im kommenden Monat, im nächsten halben Jahr. Unterscheiden Sie dabei zwischen Einmalaktionen und dauerhaften Verhaltensänderungen.

Einmalaktion:

_____
_____
_____
_____

Dauerhafte Verhaltensänderung:

_____
_____
_____
_____

einen erhöhten Zeitbedarf, da Sie sich jedes Mal wieder aufraffen müssen und allein schon damit Zeit verlieren. Haben Sie zum Beispiel vor, Ihren Schreibtisch aufzuräumen, dann blocken Sie dafür einfach einen halben Tag in Ihrem Kalender und erledigen das als Einmalaktion.

Übrigens: Auch bei den Einmalaktionen gilt: eine nach der anderen. Bieten Sie Ihrem Schweinehund keine Angriffsflächen, indem Sie sich vor lauter Begeisterung fünf Einmalaktionen gleichzeitig vornehmen. Da wird er gut gelaunt sagen: »Prima, aber warum nur fünf?« – wohl wissend, dass Sie dann nicht mal ein einziges Vorhaben zu Ende bringen werden. Denn auch Einmalaktionen können uns überfordern, wenn wir versuchen, an zu vielen Fronten gleichzeitig zu kämpfen. Also lieber Schritt für Schritt vorgehen und auf das Gefühl der Machbarkeit setzen.

● **Salamitaktik:** Bei dieser Variante teilen Sie Ihr Vorhaben in viele kleine Stückchen und erledigen diese nach und nach – so, wie Sie eine große Salami auch nicht mit einem Bissen verspeisen, sondern sie in möglichst dünne Scheiben schneiden. Sie wollen Ihren Keller entrümpeln und haben nie und nimmer ein ganzes Wochenende Zeit dafür? Kein Problem! Dann nehmen Sie sich drei Abende pro Woche vor und investieren Sie jeweils zwei Stunden. Nach einem Monat haben Sie insgesamt 24 Stunden in Ihrem Keller verbracht. In dieser Zeit kann man eine ganze Menge bewegen; um einen durchschnittlichen mitteleuropäischen Keller zu entrümpeln, reicht das allemal. Der Vorteil dieser Methode: Da Sie jeweils nur kleine Einheiten von zwei Stunden vor sich haben, merkt der Schweinehund gar nicht richtig, dass da eigentlich eine größere Aufgabe auf ihn zukommt. Er verschläft Ihren Plan regelrecht – und Ihnen fällt der Anfang wesentlich leichter. Da Sie bereits nach der ersten Einheit kleine Erfolgserlebnisse verbuchen können, steigt die Motivation weiterzumachen von Mal zu Mal. Wichtig ist es daher, vor allem bei den ersten Terminen realistisch zu planen und sich eher zu wenig als zu viel vorzunehmen. Also lieber planen, nur eine kleine Ecke oder ein Regal auszumisten, statt gleich den ganzen Werkzeugkeller umräumen zu wollen.

Und noch ein Tipp: Um Ihr Ziel nicht aus den Augen zu verlieren, können Sie bei solchen »gestreckten« Aktionen einen Fahrplan machen, den Sie – gut sichtbar für Ihren Schweinehund – aufhängen. Darauf vermerken Sie die einzelnen Etappen, die Etappenziele und den Abschlusstermin. Vor allem: Haken Sie jeden Termin ab, wenn er erledigt wurde. So behalten Sie den Überblick – und sehen immer, wie viel Sie schon geschafft haben.

ERSTE HILFE BEI SCHWEINEHUND-ATTACKEN

Selbst wenn Sie Ihren inneren Schweinehund schon sehr gut im Griff haben, wird er sich manchmal melden und Sie werden einfach keine Lust haben, schon wieder mit ihm zu diskutieren. Für solche Fälle ist es hilfreich, einen kleinen Werkzeugkoffer mit Durchhalteparolen zur Hand zu haben.

Tempo rausnehmen: Wenn Sie der Ansicht sind, dass Ihnen Ihr Vorhaben zu viel wird und Sie in Stress geraten (also den Pfad des Wohlgefühls verlassen), dann nehmen Sie ein wenig Tempo raus. Reduzieren Sie Ihr Tagespensum, machen Sie einfach mal nur ein Minimalprogramm. Wichtig ist, dass Sie dranbleiben; auch wenn Sie einmal Ihr Tagesziel nicht erreichen, ist damit noch nichts verloren.

Nicht gleich hinschmeißen: Auch wenn's gerade überhaupt keinen Spaß mehr macht, sollten Sie Ihr Vorhaben nicht einfach ganz aufgeben, nur weil es im Augenblick nicht so gut läuft. Selbst wenn Ihre Stimmung kaum noch schlechter werden kann: Lassen Sie's für heute gut sein – und verschieben Sie die Aufgaben auf morgen. Bis dahin haben sich beide beruhigt: Sie und Ihr Schweinehund, und Sie können sich alles noch einmal durch den Kopf gehen lassen.

Notbremse ziehen: Manchmal klappt einfach gar nichts. Die Kollegen nerven, der Partner schießt zielsicher tief fliegende Giftpfeile ab, die Kinder sind nörgelig und jetzt sollen Sie auch noch Ihr Schweinehund-Vorhaben erledigen. In solchen Fällen gilt: Ziehen Sie die Notbremse und hören Sie auf Ihren Schweinehund. Es könnte sein, dass er an solchen Tagen absolut recht hat, wenn er versucht, Sie von Ihrem Vorhaben abzubringen. Er will Sie dann vor Überforderung bewahren und das macht auch Sinn. Das gilt allerdings wirklich nur an solchen Tagen. Wenn Sie also bei der Kontrolle Ihres Plans feststellen, dass Sie die Notbremse gezogen haben und seitdem mit angezogener Bremse unterwegs sind, sollten Sie diese schnell wieder lösen.

Langfristige Verhaltensänderungen

Ein klein wenig anders sieht es bei den Vorhaben aus, die auf eine langfristig wirkende Verhaltensänderung abzielen, zum Beispiel regelmäßig ein Jogging- und Fitnessprogramm durchzuziehen oder weniger zu rauchen. Der Grund dafür liegt in unserer Steuerungszentrale, unserem Gehirn. Sie erinnern sich: Dort oben gibt es eine unendlich große Vielzahl von Nervenbahnen, auf denen unsere Gewohnheiten – bildlich gesprochen – wie auf breiten, vorfahrtsberechtigten Highways fahren. Das ist sicher, bequem, absolut im Sinne unseres inneren Schweinehundes – aber leider auch sehr hinderlich, wenn wir uns vornehmen, etwas Neues in unser Leben zu integrieren. Noch hinderlicher ist es, wenn wir einen dieser breiten Wege verlegen wollen – also vorhaben, uns etwas ab-, an- oder umzugewöhnen. Wenn wir uns fragen, warum es uns häufig so schwerfällt, eine neue Gewohnheit anzunehmen, dann lautet die Antwort: Weil wir die ungeheure Widerstandskraft unserer bisherigen Gewohnheiten unterschätzen und nicht einkalkulieren, dass es Zeit braucht, bis eine neue Gewohnheit die Fahrberechtigung für unsere Nerven-Highways erworben hat. Der Schweinehund rät uns da lieber: »Gib's auf!« – Es dauert ihm schlicht zu lang.

Macht der Gewohnheit

Wer etwas Neues in sein Leben einbauen will, hat dabei zunächst oft das Gefühl, gegen den Strom zu schwimmen, nämlich gegen den Strom

der alten Gewohnheiten. Wer zehn Jahre lang sechs Tage in der Woche um 7.30 Uhr aufgestanden ist, hat das insgesamt 3120-mal so gemacht. Beschließt er dann, ab sofort täglich joggen zu gehen und deshalb schon um 6.45 Uhr aufzustehen, wird ihm das zunächst einmal schwerfallen – schließlich ist die alte Gewohnheit (7.30 Uhr – und keine Minute früher!) tief im Nervensystem verwurzelt. Das wird sich auch nicht von heute auf morgen ändern lassen. Vielmehr ist es erforderlich, die neue Gewohnheit über einen längeren Zeitraum durchzuhalten. Um im Bild der Nerven-Highways zu bleiben: Das neue Verhalten muss tatsächlich »eingespurt« werden, so wie man eine Langlaufloipe spurt. Und weil dieses neue Verhalten zu einer Gewohnheit werden soll und man das alte, unerwünschte Verhalten wie einen alten Datenbestand im Computer überschreiben muss, ist es nötig, das Neue immer und immer wieder einzuüben, immer und immer wieder nachzuspuren. So lange, bis schließlich ein neuer Verhaltens-Highway vorhanden ist, von dem uns so schnell auch kein Schweinehund mit seinen Umleitungsschildern abbringt.
So wird nach und nach der ganze Körper umprogrammiert, bis man schließlich nicht mehr gegen seine alte Gewohnheit ankämpft, sondern mit dem neuen Verhalten wieder im Strom der neuen Gewohnheit schwimmt. Das ist der Punkt, an dem Sie um 6.45 Uhr auch ohne Wecker aufwachen.

Und wie lange dauert das?

Berechtigte Frage! Die Fachwelt streitet darüber. Manche sagen, man brauche ein halbes Jahr, andere halten schon sechs bis acht Wochen für ausreichend. Letztlich handelt es sich um Richtwerte und es kommt dabei nur auf Sie selbst an. Für den einen reichen wenige Wochen aus, der andere braucht tatsächlich mehrere Monate. Eine verlässliche Möglichkeit, den Ausbaustand Ihres Nerven-Highways in Erfahrung zu bringen, ist die Frage, wie sehr Sie sich noch zu Ihrer neuen Tätigkeit überwinden müssen. Da der Überwindungsaufwand in der Anfangsphase sehr hoch ist (siehe Seite 94 f.), gilt: Je mehr Sie sich überwinden müssen, desto gefährdeter ist Ihr neues Verhalten; je leichter es Ihnen fällt, desto näher sind Sie am »point of no return«. Der Schweinehund sorgt natürlich dafür, dass wir uns bei dieser Selbsteinschätzung ein klein wenig in die eigene Tasche lügen – planen Sie also lieber immer noch einen Sicherheitszuschlag ein.

Entscheidend: Die Anfangsphase

Langfristige Verhaltensänderungen sind vor allem in der Anfangsphase besonders störanfällig. Innere Schweinehunde wissen das und setzen daher alles daran, in dieser Phase ordentlich Sand ins Getriebe zu streuen. Dabei ist es gar nicht so schwer, sich gegen ihre Attacken zu wappnen. Auf diese drei Punkte sollten Sie besonders achten:

1. Gehen Sie immer nur eine einzige Sache an … und geben Sie dieser oberste Priorität!

Zugegeben: Verhaltensänderungen sind nicht ganz einfach. Es ist daher sinnvoll, in der Startphase Ihre ganze Kraft nur einer Sache zu widmen. Andernfalls kämpfen Sie an verschiedenen Fronten und Mehrfrontenkriege haben bekanntermaßen den Nachteil, dass man den Überblick verliert und zu rasch Zugeständnisse an den weniger gut überblickbaren Frontabschnitten macht. Wer also meint, ab morgen mit dem Joggingprogramm, dem Abnehmprogramm, dem Nichtraucherprogramm und dem Meditationsprogramm anfangen zu müssen: »Nur zu!«, sagt der Schweinehund, »keine Arbeit für mich, das erledigt sich von selbst.« – Gehen Sie deshalb die Dinge lieber nacheinander an, konzentrieren Sie sich auf ein Vorhaben und geben Sie diesem oberste Priorität in Ihrem Leben. Es geht darum, neue Verhaltens-Highways in Ihrem Nervensystem zu bauen, und dafür ist es hilfreich, mögliche Hindernisse von vornherein aus dem Weg zu schaffen. Setzen Sie Ihr Vorhaben ganz oben auf Ihren Terminkalender, erledigen Sie es gleich am Anfang des Tages und versuchen

Sie bei Terminkollisionen, etwas anderes zu streichen. (Wenn das nicht gelingt → Achtung Ausnahmefalle! Aber auch dafür gibt es eine Lösung, siehe dazu Punkt 3.)

2. Fangen Sie klein an und steigern Sie sich langsam!

Es gilt: Machen Sie sich den Anfang so leicht wie nur irgend möglich. Denken Sie immer daran, dass Sie am Anfang das Gefühl der Machbarkeit brauchen. Legen Sie deshalb die Latte niedrig – auch wenn Sie dabei das Gefühl haben, alles gehe in Zeitlupe. Steigern können Sie sich später immer noch. Laufen Sie also am Anfang lieber nur fünf Minuten am Tag – das ist besser, als gar nicht zu laufen. Steigern Sie sich nach einer Woche auf zehn, dann auf 15 Minuten usw. Für Ihre körperliche Fitness mag das in den ersten Wochen noch nicht sehr viel bringen – aber Sie schaffen neue Gewohnheitsbahnen in Ihrem Nervensystem. Es ist besser, erst nach acht Wochen 30 Minuten am Stück zu laufen, als sich am Anfang zu überfordern und vorzeitig aufzugeben.

3. Machen Sie keine Ausnahmen!

Das ist eine der gefährlichsten Sabotagetechniken des Schweinehundes – die Ausnahmefalle. Praktisch für ihn, da er gar nichts machen muss: Früher oder später fallen wir einfach hinein. Daher ist es hilfreich, den psychologischen Schnappmechanismus die-

Alles eine Frage der Ansprüche!

Das mag jetzt etwas ungewohnt für Sie sein: Ich gebe Ihnen einen guten Tipp – das ist kein Trick, sondern ein richtiger Ratschlag. Sicher ist es schwer, gerade in der Anfangsphase nur in kleinen Schritten voranzukommen. »Klotzen statt kleckern!« lautet die Devise, da passt es doch einfach nicht dazu, die »Latte niedrig zu legen«. Aber überlegen Sie mal: Letztlich ist es nur eine Frage der Ansprüche, die Sie an sich selbst stellen. Und wer oder was hindert Sie, diese Ansprüche vorerst ein wenig herunterzuschrauben? Ich? Nein, bestimmt nicht. Für Ihre eigenen Ansprüche können Sie mich nicht auch noch verantwortlich machen, wo ich schon für so ziemlich alles verantwortlich sein soll, was nicht richtig läuft. Klären Sie am Beginn eines Vorhabens, welche Erwartungen Sie an sich selbst haben. Welches Ergebnis können Sie im Rahmen Ihrer Möglichkeiten realistisch erwarten? Welche Probleme werden auftauchen? Wie können Sie diesen begegnen? Was kann im schlimmsten Fall passieren? Was ich Ihnen damit sagen will: Gehen Sie mit einer gesunden Portion Realismus an Ihre Vorhaben heran. Das klingt banal, trotzdem vergisst man es häufig.

ser Falle zu kennen und zu wissen, wie man wieder herauskommt. Das Trickreiche an der Ausnahmefalle ist ja, dass die erste, oft aus gutem und nachvollziehbarem Grund gemachte Ausnahme die Hemmschwelle für weitere Ausnahmen erheblich senkt (siehe Seite 54 ff.) Wer während einer Diät einmal anlässlich einer Geburtstagsfeier zur Sahnetorte gegriffen hat, dem fällt es schon wesentlich leichter, ein paar Tage später der Einladung zum Grillabend zu folgen – auch wenn er weiß, dass dort eher Diätunverträgliches serviert wird. Der psychologische Trick, um dieser Falle zu entgehen, ist allerdings einfach. Signalisieren Sie Ihrem Schweinehund, dass Sie die Gefahr erkannt haben, und schalten Sie auf ein **Minimalprogramm** um. Wenn Sie Ihr Laufpensum tatsächlich mal nicht komplett durchziehen können, dann laufen Sie wenigstens fünf Minuten – ums Haus, um den Block, einmal die Straße rauf und runter. Kann sein, dass Ihre Nachbarn ein wenig den Kopf schütteln, wenn Sie schon nach fünf Minuten wieder zurück sind; seien Sie aber sicher, dass Ihr Schweinehund ganz genau weiß, was Sie da gerade machen. Kommen Sie tatsächlich nicht an der Geburtstagseinladung vorbei und wäre es auch unhöflich, die Sahnetorte abzulehnen: Lassen Sie sich ein Ministück geben – nur einen Zentimeter breit. Das bringt die Kalorienrechnung nicht völlig durcheinander und Sie können diese Menge ohne Weiteres beim

Know-how

DREI REGELN FÜR DIE ANFANGSPHASE

1. Immer nur eine Sache angehen – und dieser oberste Priorität geben!
2. Klein anfangen und langsam steigern!
3. Keine Ausnahmen zulassen – mindestens Minimalprogramm durchziehen!

Abendessen wieder einsparen – bei einem ganzen Stück ist das schon wesentlich schwieriger.

Der Vorteil dieses Minimalprogramms liegt darin, dass Sie es nicht zu einer kompletten Ausnahme kommen lassen. Ihrem Nervensystem wird damit signalisiert: Wir ändern zwar vorübergehend die Trainingsbedingungen, bleiben aber weiter am Ball. Damit kommen Sie gar nicht erst in die Situation, eine zweite Ausnahme zu machen, denn jede Ausnahme bleibt eine erste – und die wird Ihnen immer schwerer fallen, je weiter Sie Ihre Verhaltensänderung vorangetrieben haben. Übrigens: Haben Sie den magischen »point of no return« erst einmal überschritten, sind Ausnahmen bei Weitem nicht mehr so gefährlich. Ihre neue Gewohnheit ist dann so fest verankert, dass Sie von selbst wieder zu ihr zurückfinden.

Was sonst noch hilft

Das wichtigste Handwerkszeug für den Umgang mit Ihrem inneren Schweinehund haben Sie nun schon. Sie wissen: Veränderungen gelingen, wenn Sie die Eigenheiten des Nervensystems und die Ihres Schweinehundes berücksichtigen. Aber es gibt natürlich besonders hartnäckige Schweine-hunde. Für diese Kandidaten erfahren Sie noch einige Spezialtipps. Für alle anderen gilt: Abwechslung erhöht die Erfolgschancen – probieren Sie einfach mal aus, worauf Ihr Schweinehund besonders gut anspricht.

Mit Hindernissen rechnen

Wer vorhat, am ersten großen Ferienwochen-ende im Juli Richtung Süden aufzubrechen, für den ist es auf jeden Fall empfehlenswert, nicht nur eine Route im Blick zu haben – mindestens eine Ausweichmöglichkeit für den Stau auf der Alpentransitstrecke sollte er sich vorher zurechtlegen. In eine ganz ähnli-che Richtung gehen Ergebnisse jüngerer Ver-haltensforschungen aus den USA und auch aus Deutschland. Die Studien sollten heraus-finden, was eigentlich für den Lernerfolg aus-schlaggebend ist. Dazu wurden Patienten ei-ner Reha-Klinik in drei Gruppen aufgeteilt: Eine Gruppe wurde mehr oder weniger sich selbst überlassen. Eine zweite Gruppe sollte am Anfang der Reha-Maßnahmen einen Plan erstellen, der unter anderem enthielt, wann was genau gemacht wird und welche Ziele innerhalb eines bestimmten Zeitraums er-reicht werden sollten. Am intensivsten wurde die dritte Gruppe betreut: Die Teilnehmer

stellten nicht nur einen Plan wie die Versuchspersonen der zweiten Gruppe auf, sondern überlegten sich zusätzlich für jeden Punkt ihres Plans detailliert, was passieren sollte, wenn sie diesen Plan – aus welchen Gründen auch immer – nicht einhalten konnten. Es gab also zu dem ursprünglichen Plan immer eine Alternative: Nennen wir ihn den Schweinehund-Plan, denn er kam meist dann zum Einsatz, wenn der innere Schweinehund sich meldete. (»Bei dem Regen joggen – lass das, du erkältest dich.«)

Alternativen einplanen

Das Ergebnis dieser Studien war wenig überraschend: Am besten schnitten die Teilnehmer der dritten Gruppe ab, da es ihnen gelang, mit inneren und äußeren Widerständen am besten umzugehen. Barrieren, die sich ihnen in den Weg stellten, hatten sie häufig schon vorher einkalkuliert und wussten aufgrund ihres Schweinehund-Plans auch genau, wie sie reagieren konnten. Der Trick dieser sogenannten »barrierebezogenen Strategieplanung« lautet also:

- Machen Sie sich schon bei der Planung Ihres Vorhabens über mögliche Hindernisse Gedanken und
- bereiten Sie bereits im Vorfeld alternative Lösungen vor.

Auf der nächsten Seite finden Sie einige Beispiele zu dieser Art der Planung – Sie können dort auch Alternativen für Ihre eigenen Pläne eintragen.

Fördern Sie Rudelbildung

Auf den ersten Blick ein wenig paradox, aber dennoch sehr hilfreich: Holen Sie andere Schweinehunde mit ins Boot. Natürlich nicht nur die Schweinehunde, sondern auch deren Besitzer. Das bringt Vorteile für alle Beteiligten mit sich. Zum einen für Sie selbst, denn wenn Sie sich mit ein paar Gleichgesinnten für einen bestimmten Zeitpunkt verabreden, um gemeinsam Ihr tägliches Laufpensum zu bewältigen, dann macht das nicht nur mehr Spaß – diese Vereinbarung bekommt auch einen viel verbindlicheren Charakter, als wenn Sie allein zu Hause sitzen und ohne Gesichtsverlust vor sich selbst kneifen können. Es muss auch nicht gleich eine größere Gruppe werden, ein einzelner Trainingspartner genügt.

Auch wenn Sie vorhaben, eine Fremdsprache zu lernen, klappen die häuslichen Übungseinheiten vielleicht zu zweit am besten. Gründen

Übung

BARRIEREBEZOGENE STRATEGIEPLANUNG

Das ist mein Plan:

- Täglich morgens eine halbe Stunde joggen

- Dauerhaft fünf Kilo abnehmen, Ernährung umstellen

Und das sind meine Alternativen:

- Bei Regen: stattdessen ins Schwimmbad
- Bei Zeitmangel: primär am selben Tag zu einem anderen Zeitpunkt nachholen, sonst zumindest ein Minimalprogramm von 10 Minuten

- Bei Einladungen: primär Salat und Gemüse, im Übrigen Menge reduzieren
- Keine Zeit zum Kochen: für solche Fälle immer einen gesunden kleinen Snack im Tiefkühlfach haben (zum Beispiel Gemüsestäbchen)
- Heißhunger auf Süßes: bevor er übermächtig wird, ein kleines Stück Schokolade essen, keine ganze Tafel; nur für solche Fälle eine Minitafel Schokolade vorrätig haben

_____

_____

_____

_____

_____

_____

_____

_____

_____

_____

Sie eine »Mini-Arbeitsgemeinschaft«, fragen Sie sich gegenseitig Vokabeln ab, üben Sie Konversation. Eine weitere Möglichkeit: Holen Sie sich Hilfe – es muss ja nicht gleich ein professioneller Coach sein. Wenn Sie Ihren Kleiderschrank ausmisten wollen, kann auch jemand aus Ihrem Freundeskreis ein fachkundiger Ratgeber sein. Na ja, und Ihr Schweinehund hat auch was davon. Unter uns: Schweinehunde sind Ratschtanten – sie freuen sich, wenn sie mal ein paar Artgenossen treffen – und vergessen dann vor lauter Freude glatt ihre eigentliche Bestimmung, die Sabotage. So schlagen Sie zwei Schweinehunde – pardon: Fliegen – mit einer Klappe.

Gehen Sie ruhig Verpflichtungen ein

Die eine Möglichkeit: Verkünden Sie Ihren Entschluss, ein bestimmtes Vorhaben anzugehen, in Ihrem Freundes- oder Bekanntenkreis. Aber Vorsicht: Das schafft einen ganz erheblichen Erfolgsdruck. Oft können sich Dritte nämlich wesentlich besser an solche Ankündigungen erinnern als Sie selbst. Und ein schöner Abend unter Freunden kann stimmungstechnisch ganz erheblich leiden, wenn Sie jemand in bester Absicht an Ihren Entschluss erinnert oder sich nur mal nach den Fortschritten erkundigt. Also ist es ratsam, sich diesen Schritt gut zu überlegen. Unter Umständen ist es besser, eine verlässliche Person aus dem Freundeskreis zum persönlichen Coach zu machen und diesem zu erlauben, in regelmäßigen Abständen nach dem Stand der Dinge zu fragen, zum Beispiel mit einem kurzen Erinnerungsanruf oder per SMS. Sie können auch ausmachen, dass Sie selbst regelmäßig einen kurzen Bericht über den Fortgang Ihres Projektes geben. Das müssen keine mehrseitigen Abhandlungen sein. Wichtig ist nur, dass Sie den Kontakt halten und sich Ihr Vorhaben so immer wieder ins Bewusstsein rufen.

Verpflichten können Sie sich natürlich auch sich selbst gegenüber. Allerdings ist es empfehlenswert, in diesen Vertrag auch gleich den inneren Schweinehund einzubeziehen. Das mag für den einen oder anderen etwas merkwürdig klingen, ist aber sinnvoll, denn Sie wissen ja bereits, dass Schweinehunde nicht bösartig sind. Mit ihren Aktionen verfolgen sie meist auch eine positive Absicht. Versuchen Sie, diese positive Absicht herauszufinden – und versichern Sie Ihrem Schweinehund, darauf Rücksicht zu nehmen. Möchte er Sie zum Beispiel vor Überlastung schützen, so können Sie ihm anbieten, nach erfolgreichem Abschluss Ihres Vorhabens ein Trödelwochenende einzulegen. Machen Sie dann Nägel mit Köpfen: Verpflichten Sie sich, den Alternativvorschlag auch wirklich umzusetzen, und ringen Sie Ihrem Schweinehund das verbindliche Zugeständnis ab, Sie bei der Umsetzung Ihres Plans auch tatsächlich in Ruhe zu lassen.

DIE SIEBEN BELIEBTESTEN SCHWEINEHUND-MÄRCHEN ZUR

Erstes Märchen: Wenn du weißt, was du tun musst, ist schon alles getan!

Ja, »Erkenntnis heilt«, sagt der Volksmund. Aber das allein reicht nicht. Die Erkenntnis ist zwar »der erste Schritt zur Besserung«, erfordert aber noch ein paar weitere Schritte, um auch zum Ziel zu kommen. Der wichtigste davon: die Umsetzung. Ohne Umsetzungs-Know-how bleibt alles Wissen graue Theorie. Schweinehunde lassen uns gern in unserem Unwissen schmoren und hofften bisher, dass wir nie erfahren, wie erfolgreiche Umsetzung funktioniert – eine Rechnung, die nicht aufgegangen ist, denn Sie sind gerade dabei, das wichtige Wissen um das »Wie« der Umsetzung zu erwerben.

Zweites Märchen: Du musst erst noch die richtige Methode finden!

Und es gibt ziemlich viele Methoden. Wenn Sie die erst alle kennenlernen wollen, bevor Sie Ihren Entschluss in die Tat umsetzen (egal, worum es geht): Ihr Schweinehund wünscht Ihnen viel Spaß dabei. Und wenn Sie alle kennen, müssen Sie nur noch die beste auswählen ... Sie merken schon: Da wird ein Leben nicht ausreichen. Es geht nämlich gar nicht um **die** richtige Methode, sondern um eine, die zu Ihnen passt. Und welche das ist, das werden Sie nur durch Ausprobieren herausfinden. Fangen Sie also einfach an und machen Sie dabei Erfahrungen – nur so finden Sie die **für Sie** richtige Methode.

Drittes Märchen: Es ist alles nur eine Frage des Willens – streng dich an!

Eine Motivationsmethode, die viele noch aus ihrer Kindheit kennen werden – und die manchen bis heute verfolgt: Mit Disziplin und einem starken Willen ist alles erreichbar. Das mag sein. Aber es ist eben nicht die ganze Wahrheit. Denn auch wenn Anstrengung in manchen Fällen erforderlich ist – auf Dauer ist sie nicht das richtige Mittel, um sich konstant zu motivieren. Höchstleistungen sind auch mit Freude und Leichtigkeit erreichbar – auf dem »Pfad des Wohlgefühls«. Den läuft übrigens auch der Schweinehund gern, ist er doch ein Meister darin, Anstrengungen zu meiden.

Viertes Märchen: Ab morgen machst du alles anders!

Ab morgen wirst du ein ganz neuer Mensch – sagt der Schweinehund und denkt sich seinen Teil dazu. Natürlich ist unser Wunsch, endlich alle unsere Schwächen in den Griff zu bekommen und alles besser zu machen, oft sehr groß. Da erscheint der nächste Tag gerade der richtige zu sein, um alles auf einmal anzugehen. Leider übersehen wir dabei die ungeheure Sogkraft, die unsere Gewohnheiten in unserem Nervensystem ausüben. Das ganze Leben im Hauruck-Verfahren umzukrempeln ist praktisch unmöglich und erzeugt meist nur Frust und Stress. Möglich ist es aber, einzelne Gewohnheiten nach und nach zu ändern. Lassen Sie sich also ruhig Zeit dabei!

UMSETZUNG – UND EIN PAAR ANTWORTEN DARAUF

Fünftes Märchen: Ach, du würdest ja so gern. Aber die Umstände lassen dich nicht.

Genau die sind es: die Umstände. Und Sie selbst? Sie würden ja gern, aber die Umstände! Erstaunlicherweise sind diese Umstände, die der innere Schweinehund uns präsentiert, inzwischen derart anerkannt, dass kaum noch einer nachfragt, was sich genau dahinter verbirgt. Deshalb ist es so schwer zu erkennen, dass wir uns damit ganz gern ein wenig in die eigene Tasche lügen. Denn auch wenn die Umstände uns bei unseren Vorhaben manchmal nicht optimal unterstützen – sie stellen sich zumindest nicht mitten in den Weg. Sie erlauben jedes Vorhaben, vorausgesetzt, wir haben uns selbst vorher die Erlaubnis dazu gegeben.

Sechstes Märchen: Für so etwas hast du doch keine Zeit!

Nein – für so etwas nicht! Seltsamerweise für eine ganze Menge anderer Sachen, aber gerade dafür eben nicht. Wirklich erstaunlich – und gerade deshalb besonders einfach als Schweinehund-Märchen zu enttarnen. Denn jeder von uns hat Zeit, ziemlich viel sogar, pro Tag immerhin 24 Stunden, 168 Stunden pro Woche, 672 im Monat ... Für den Rest fragen Sie Ihren Schweinehund, er hat bestimmt einen Taschenrechner. Relevant ist also einzig die Frage, **wofür** wir uns bewusst Zeit nehmen wollen, wie wir die zur Verfügung stehende Zeit einteilen und welche Prioritäten wir setzen.

Siebtes Märchen: Das hast du doch schon immer so gemacht – weshalb denn jetzt alles ändern?

Ein typischer Schweinehund-Satz wie aus dem Lehrbuch – damit lassen sich ganze Staatssysteme prima am Leben erhalten. Der Satz funktioniert auch dann noch, wenn schon beinahe jeder erkennt, dass es so eigentlich nicht weitergeht. Denn gern lassen wir uns von Schweinehunden überzeugen, dass es beinahe unmöglich ist, gewachsene Strukturen zu verändern. Schließlich ist es bedeutend leichter, die gewohnten Wege zu beschreiben als neue unbekannte zu betreten. Das mag auch tatsächlich nicht leicht sein. Aber es ist vor allem deshalb schwer, weil wir nicht genau wissen, wie Veränderungsprozesse im Leben zu erreichen sind. Veränderung braucht Zeit, aber sie muss weder mühsam sein noch ist sie unmöglich. Das Knowhow dafür haben Sie jetzt!

Leben mit dem Schweinehund

Nun wissen Sie eine ganze Menge über Schweinehunde im Allgemeinen und Ihren eigenen Begleiter im Speziellen. Sie haben auch schon viele Tipps für den täglichen Umgang mit ihm kennengelernt. Nun wird's noch praxisbezogener: In diesem Kapitel nehmen wir uns die zwölf Bereiche vor, in denen Schweinehunde erfahrungsgemäß besonders aktiv sind.

Der Schweinehund hat Visionen – und entdeckt echte Werte

»Wer Visionen hat, sollte zum Arzt gehen.« – Dieser Ausspruch wird dem Altbundeskanzler Helmut Schmidt zugeschrieben. Die Ansicht unseres inneren Schweinehundes dazu ist ähnlich – er hält Dinge wie eine Lebensvision, Lebensziele oder Werte schlicht für überflüssig. Hört er Werte, denkt er an Moral – und wird sauer.

Zum Thema Lebensvision oder Lebensziele (das kann man durchaus gleichsetzen – manche Schweinehunde haben mit dem Begriff »Vision« Probleme, weil er ihnen zu unbestimmt ist) haben Sie sich wahrscheinlich in Kapitel 3 (Seite 80 ff.) bereits ein paar Gedanken gemacht. Falls nicht, dann sollten Sie jetzt zurückblättern und die Seiten dort nochmals durchlesen.

Hier soll es um ein weiteres wichtiges Navigationsinstrument gehen: Werte. »Werte haben doch keinen Wert«, meint der innere Schweinehund – und hat damit natürlich recht, soweit man Wert mit Marktwert gleichsetzt. Richtig ist: Für Werte kann man sich nichts kaufen. Und auf den ersten Blick scheinen diejenigen erfolgreicher zu sein, die skrupellos agieren, ohne Rücksicht auf irgendwelche Werte. »Mit Ehrlichkeit kommt man nicht weit« – auch so ein Schweinehund-Spruch. Die Argumentation des Schweinehundes scheint zudem vom Phänomen des Werteverlusts gestützt zu werden, ein immer wieder aktuelles Schlagwort.

Mit Werten zu Zielen

Werte scheinen also nicht gerade Hochkonjunktur zu haben und dennoch begleiten sie uns von morgens bis abends. Denn bewusst oder unbewusst prägen sie das Denken und Handeln der Menschen. Bei vielen geht es also nicht darum, neue Werte für sich zu finden, sondern eher, sich der Werte bewusst zu werden, die einen prägen und leiten. Je klarer Sie sich der Werte sind, mit denen Sie durchs Leben gehen, umso klarer werden Ihre Entscheidungen sein. Außerdem können Werte zu Indizien Ihrer Zufriedenheit und Erfüllung im Leben werden. Kaum jemand, der dauerhaft gegen seine innere Wertvorstellung lebt, wird damit glücklich werden. So haben Werte zwar keinen Marktwert – aber sie bestimmen immerhin den Wert Ihrer Handlungen.

Werte sind bedeutsam

Die Geschichte ist voll von Beispielen, auf welch unterschiedlichen Wegen das gleiche Ziel verfolgt werden kann. Schon die Frage, ob das Ziel Friedenssicherung nur mit friedlichen Mitteln oder notfalls auch mit Gewalt durchgesetzt werden darf, ist einzig von den Werten abhängig, nach denen Menschen sich richten. So betrachtet kommen den Werten zahlreiche Funktionen zu:

- Werte sind Entscheidungskriterien.
- Werte geben einen Handlungsrahmen vor.
- Werte bilden die Grundlage für ganz unterschiedliche Lebensweisen.
- Werte zeigen, was einem Menschen wichtig und was ihm weniger wichtig ist.
- Werte können stabile Verhältnisse schaffen in Zeiten großer Umbrüche.
- Werte generieren Vorbilder, an denen wir uns orientieren können.

Im Verhältnis zu Ihren Lebenszielen stellen Werte das Fundament dar, auf dem Sie aufbauen. In demokratischen Staaten besteht ein Konsens über fundamentale Grundwerte – meist in einer Verfassung niedergelegt. Ihre eigenen Werte sind die Verfassung Ihres Lebens. Daher ist es erforderlich, dass Sie die richtigen Werte für sich erkennen. Dann haben Sie das nötige Rüstzeug, um Ihre Lebensziele eigenverantwortlich anzusteuern.

Wertefindung in vier Schritten

Sollte Ihr Schweinehund jetzt viel Arbeit befürchten, kann er entspannen und sich zurücklehnen. Es geht um Wertefindung, nicht Werte-Erfindung! Die Aufgabe lautet also nicht, ein ganzes Wertesystem neu zu entwickeln. Das ist auch absolut unnötig, schließlich existieren bereits genügend solcher Systeme auf der Welt. Vielmehr können Sie sich mit den folgenden vier Schritten Ihrer Werte bewusst werden, diese überprüfen und so die für Sie richtigen Werte erkennen.

Schritt 1: Reif für die Insel

Die Wertefindung mittels der sogenannten »Inselmethode« wird von der Autorin Vera F. Birkenbihl empfohlen. Stellen Sie sich vor, Sie bekommen Urlaub – lassen Sie Ihren Schweinehund kurz jubeln, der Haken kommt gleich. Der Urlaub dauert fünf Jahre – und Sie müssen ihn auf einer sehr weit entfernten, noch leeren Insel verbringen. Sie dürfen aber ein paar Menschen mitnehmen (die sich darüber sicher sehr freuen werden). Überlegen Sie sich jetzt einmal, wen Sie mitnehmen würden – und wen auf keinen Fall. Wählen Sie jeweils fünf Personen aus. Und weil das alles ja sowieso nur in Ihrer Fantasie abläuft, sind Sie auch nicht auf lebende Personen aus Ihrem Verwandtschafts- und Freundeskreis

beschränkt. Sie können genauso gut lebende wie historische Persönlichkeiten mitnehmen, real existierende oder fiktive Personen (also auch Mr. Spock oder James Bond), Roman- oder Märchengestalten usw. Ach ja: Ihr Schweinehund steht nicht zur Wahl – der kommt auf jeden Fall mit.

ALS BEGLEITER AUF MEINE INSEL WÜNSCHE ICH MIR:

1. _____
2. _____
3. _____
4. _____
5. _____

KEINESFALLS MÖCHTE ICH ALS BEGLEITER HABEN:

1. _____
2. _____
3. _____
4. _____
5. _____

Und nun überlegen Sie sich bitte, warum Sie sich für oder gegen diese Personen entschieden haben. Welche Eigenschaften, die Ihnen gefallen beziehungsweise missfallen, haben diese Menschen? Notieren Sie sich zu jeder Person jeweils diese Eigenschaften. Sollten Ihnen zu einer der bevorzugten Personen auch negative Eigenschaften einfallen, können Sie diese als Ausnahmen vermerken – oder auch ganz weglassen.

Was entsteht, ist ein erster Spiegel Ihres Wertesystems. Was Sie bei diesen Personen schätzen, das sind Ihre Werte.

Schritt 2: Checken Sie Ihre Werte

Im zweiten Schritt haben Sie nun die Wahl – kreuzen Sie in der folgenden Checkliste die Werte an, die für Sie wichtig sind. Vergleichen Sie die Liste dann mit den in Schritt 1 ermittelten Werten. Sollten Werte fehlen, die für Sie wichtig sind, können Sie diese ergänzen.

DIESE WERTE SIND FÜR MICH WICHTIG:

- ○ Aufmerksamkeit
- ○ Ausdauer
- ○ Begeisterungsfähigkeit
- ○ Dominanzstreben
- ○ Durchsetzungsvermögen
- ○ Einsatzbereitschaft
- ○ Egoismus (gesunder)
- ○ Fairness
- ○ Fitness (körperlich)
- ○ Flexibilität/Mobilität
- ○ Friedensfähigkeit
- ○ Führungsqualitäten
- ○ Geborgenheit
- ○ Geduld
- ○ Genauigkeit
- ○ Gerechtigkeit
- ○ Glaubwürdigkeit
- ○ Großzügigkeit
- ○ Güte
- ○ Hilfsbereitschaft
- ○ Höflichkeit
- ○ Humor
- ○ Kampfbereitschaft (sich nichts gefallen lassen)
- ○ Kreativität
- ○ Liebe
- ○ Nachsicht/Verzeihen
- ○ Ökologiebewusstsein
- ○ Offenheit (für neue Wege und Gedanken, für noch Fremdes)
- ○ Problemlösungsfähigkeit
- ○ Pünktlichkeit
- ○ Respekt vor anderen
- ○ Selbstwertgefühl
- ○ Sicherheit
- ○ Sparsamkeit (mit allen Ressourcen unseres Planeten)
- ○ Teamfähigkeit
- ○ Toleranz
- ○ Verschwiegenheit
- ○ Vertrauen

○ Wärme (zwischenmenschliche)
○ Wir-Gefühl/Du-Gefühl
○ Zielklarheit
○ Zielorientiertheit
○ Zuverlässigkeit
○ _____
○ _____
○ _____
○ _____
○ _____
○ _____

Schritt 3: Wählen Sie aus

Wählen Sie nun die zehn für Sie wichtigsten Werte oder Prinzipien aus und entscheiden Sie über deren Priorität für Ihr Leben. Welche Werte sind für Sie am wichtigsten?

MEINE ZEHN WICHTIGSTEN WERTE:

1. _____
2. _____
3. _____
4. _____
5. _____
6. _____
7. _____
8. _____
9. _____
10. _____

Schritt 4: Prüfen und entwickeln

Im letzten Schritt können Sie die gefundenen Werte nun nochmals mit folgenden Fragen überprüfen:

● Was fällt Ihnen beim Vergleich Ihrer Prioritätenliste mit den Eigenschaften der fünf bevorzugten Insel-Mitbewohner auf?
● Stimmen Ihre beruflichen und privaten Wertvorstellungen überein oder gibt es Werte, die Sie nur im beruflichen beziehungsweise nur im privaten Bereich als gültig anerkennen?
● Falls Sie zwischen Beruf und Privatleben Unterschiede feststellen: Woran könnte das liegen?

Wie bei den Lebenszielen, so gilt auch bei den Werten: Ihr System wird sich im Laufe der Jahre unter Umständen verändern. Werte, die Ihnen in Ihrer Jugend wichtig erscheinen, verlieren vielleicht mit zunehmendem Alter und wachsendem Pragmatismus etwas an Glanz – umgekehrt gewinnen andere Werte mit der Zeit an Bedeutung, die Ihnen in jüngeren Jahren gänzlich fern lagen. Überprüfen Sie Ihr Wertesystem mit den vier Schritten etwa einmal im Jahr (am besten zusammen mit der Zielplanung und -revision). Dabei werden Sie sich nicht nur über Ihren persönlichen Wertewandel bewusst werden, sondern sich mit der Zeit auch selbst besser kennenlernen. Vielleicht finden Sie auch heraus, aus welchen Gründen es zu Veränderungen in Ihrem Wertesystem kommt.

Mit dem Schweinehund ins Gespräch kommen

So geschwätzig Ihr kleiner Begleiter auch manchmal sein mag (um Sie von einem Vorhaben abzubringen, redet er wie ein Wasserfall) – bei anderen Gelegenheiten bekommt er den Mund nicht auf. Die Kommunikation mit anderen ist so eine Gelegenheit. Da verstummt er in Momenten, in denen ein klares Statement oder eine Nachfrage angebracht wäre – und redet dauernd dazwischen, wenn es eigentlich besser wäre zuzuhören. Nein, ein Kommunikations-Großmeister ist er nicht. Aber er ist lernfähig!

Kommunikation kann in vielen Bereichen und auf ganz unterschiedlichen Ebenen schiefgehen. Gescheiterte Dialoge zwischen Staatenlenkern haben zu Kriegen geführt – ein falsches Wort am Frühstückstisch kann den ganz persönlichen Beziehungskrieg in eine neue Runde treiben. Eine fehlende Nachfrage kann Millionengeschäfte zum Scheitern bringen und Sprachlosigkeit in finanziellen Fragen hat manche Kleinfamilie in den Ruin getrieben. Woran liegt es, dass es uns oft so schwerfällt, miteinander zu reden statt gegeneinander oder übereinander? Ist mal wieder der innere Schweinehund schuld? Ja, in gewissem Sinne schon. Sie wissen natürlich inzwischen: Der Schweinehund ist nur ein Bild für unsere inneren Widerstände und Ängste, sozusagen eine Personifizierung all dessen, was wir an uns nicht so sehr mögen. Und natürlich kommen auch in der Kommunikation mit anderen solche oft uralten Ängste zum Tragen. Um hier etwas zu verändern, den

Schweinehund zu verstehen und trotz seiner Vorbehalte erfolgreich zu kommunizieren, kann es sich also lohnen, diese Ängste ein wenig genauer zu betrachten.

Die Ängste Ihres Schweinehundes

Ihr Schweinehund verstummt nicht etwa, weil ihm nichts mehr einfallen würde. Dafür ist er schließlich viel zu raffiniert. Seine Motive sind andere: Er möchte Sie – wie so häufig – vor schlechten Gefühlen bewahren, vor Enttäuschung und allen Formen seelischer Qualen. Dieses Ziel, so meint er, lässt sich am besten erreichen, wenn Sie möglichst wenig Angriffsfläche bieten. So kommt es, dass Sie wohl manchmal selbst erstaunt sind, wenn Sie sich zuhören – weil das, was Sie sagen, völlig von dem abweicht, was Sie eigentlich wollen. In vielen Fällen spricht da Ihr Schweinehund aus Ihnen … Hier ein paar typische Floskeln:

- In der **Beziehung** und in der **Familie,** bei **Freunden** und **Bekannten** kommt wohl am häufigsten die Angst vor Verlust von Zuneigung und Anerkennung zum Tragen. Auch wollen wir mit unseren Worten niemanden verletzen oder vor den Kopf stoßen – und keinesfalls möchten wir, dass andere schlecht über uns reden. Unser Schweinehund raunt uns deshalb zu: »Nichts sagen, es könnte sein, dass sie dich nicht mehr mögen.« – »Lieber niemandem wehtun.« – »Was sollen da die anderen sagen, wenn du dich so äußerst.« – »Sie werden dich für verrückt halten.«

- Auch der **berufliche Bereich** ist nicht frei von Kommunikationspannen – egal, ob gegenüber dem Chef, den Kollegen oder bei Kundengesprächen. Hier ist es vor allem die Angst vor den wirtschaftlichen Folgen unserer Worte, dem Verlust des Arbeitsplatzes, dem geplatzten Deal oder den Kollegen, die über einen herziehen. Ein paar klassische Worte des Schweinehundes dazu: »Sei bloß ruhig, du redest dich noch um deinen Job – der Chef sieht schon ganz angefressen aus.« – »Treib den Kunden lieber nicht in die Enge, nach dem Abschluss kannst du auch nächste Woche fragen.« – »Typisch, du machst mal wieder die ganze Arbeit allein und die Kollegen haben seit sieben Tagen Wochenende. Aber wenn du dich beschwerst, bist du wieder der Buhmann.«

- Ganz besonders schwer tut sich der Schweinehund häufig auch damit, **Fremde** anzusprechen (lassen wir dabei den flirtenden Schweinehund mal außen vor, das ist wieder ein ganz anderes Thema). Oft hindert uns unser Begleiter, einen interessanten neuen Kontakt aufzubauen oder vielleicht die Grundlage für eine gute Freundschaft zu legen, weil er der Ansicht ist, man könne doch nicht einfach jemanden ansprechen.

Dahinter verbirgt sich die Befürchtung, zurückgewiesen zu werden. Eine ablehnende Reaktion des anderen will der Schweinehund seinem Menschen auf jeden Fall ersparen. Das funktioniert am besten, wenn erst gar kein Kontakt aufgenommen wird.

Schweinehundgerechtes Kommunikationstraining

Vor allem ein Aspekt ist es, der die Kommunikation erschwert: Es mischen immer mehrere Schweinehunde mit. Gelungene Dialoge erfordern also nicht nur, dass Sie Ihren eigenen Schweinehund in den Griff bekommen. Darüber hinaus gilt es auch zu beachten, dass sich hinter der Rede (oder hinter dem Schweigen) Ihres Gegenübers ein anderer Schweinehund mit seinen ganz eigenen Problemen und Ängsten verbergen kann. Mit den folgenden Tipps kann Kommunikation gelingen. Ganz wichtig dabei: Es handelt sich nicht um eine Schritt-für-Schritt-Methode, bei der Sie nur alle Einzelschritte nacheinander befolgen müssen – und schon klappt's. Das würde Ihren Schweinehund wahrscheinlich überfordern. Denn jeder einzelne Punkt kann – je nach Gesprächssituation – für sich genommen schwer genug sein.

Aber Sie können probieren, den einen oder anderen Aspekt immer wieder und immer häufiger in Ihre Gespräche einzubeziehen. Mit der Zeit und etwas Übung werden Sie mehr und mehr davon automatisch machen – und können sich dann über die gelungene Kommunikation freuen.

Klartext reden

Es klingt einfach: Direkt sagen, worum es eigentlich geht, gleich zum Thema kommen, eine Bitte klar als solche formulieren und unmissverständlich (was nicht mit unhöflich oder verletzend verwechselt werden darf) über das reden, was nicht passt – und doch fällt das oft unwahrscheinlich schwer. Dann lavieren wir ums Thema herum, beschönigen, verharmlosen, übertreiben auch gern mal. Aber warum?

Dieses Vorgehen kostet nicht nur viel Zeit, sondern bringt Sie auch keinen Schritt weiter zur Lösung Ihres Problems. Klar, der Schwei-

Meine gesammelten Märchen

Also: Klartext reden gehört nicht zu meinen Stärken. Ist ja auch immer ein bisschen gefährlich: Wer klar sagt, was er meint, erreicht am Ende noch das, was er will – das geht nun wirklich nicht. Daher bin ich Verfechter einer möglichst wolkigen, ungenauen Sprache – mit möglichst wenig exakten Angaben und Festlegungen. Und ich lenke gern vom Thema ab. Neulich hat mein Mensch bei einem Kunden angerufen, der eine Rechnung nicht bezahlt hat. Er meinte, so ein persönliches »Mahngespräch« sei doch viel wirkungsvoller als ein Brief. Na ja, für die Wirkung habe dann ich gesorgt. Um gute Stimmung zu machen, habe ich ihn zunächst fünf Minuten übers Wetter reden lassen. Dabei kam das Gespräch auf die Erkältung, mit der die kleine Tochter des Kunden schon lange zu kämpfen hat. Nebenbei haben wir in Erfahrung bringen können, dass es dem Kunden selbst gesundheitlich auch nicht besonders gut geht. Damit das alles nicht zu einseitig wird und wir den eigentlichen Grund des Anrufs nicht aus den Augen verlieren, wurde dann die allgemeine schlechte Wirtschaftslage besprochen. Am Ende haben wir uns alle selbst so leidgetan, dass an die Rechnung einfach nicht mehr zu denken war. Das Gespräch hat übrigens knapp 30 Minuten gedauert. Mein Mensch hat dann per Post eine Mahnung geschickt.

nehund weiß: Solange er Sie um den heißen Brei herumreden lässt, so lange wird es nicht gefährlich. Erst wenn das Thema doch auf den Tisch zu kommen droht, lässt er am Horizont ein paar dunkle Wolken auffahren: Vorsicht, Konfliktgefahr! Es könnte ja ein Gegenangriff kommen, der Sie aus der Bahn wirft, vielleicht werden Sie sogar persönlich angegangen, obwohl es doch eigentlich um ein Sachthema geht. Am Ende kommen Sie mit Ihrem Anliegen sogar durch und es verändert sich etwas – das will der Schweinehund, der ja immer möchte, dass alles so bleibt, wie es ist, nun wirklich nicht. Und deswegen lässt er Sie gar nicht erst zum Thema kommen, sondern lieber den strahlenden Sonnenschein loben und über die Lage der Welt im Allgemeinen philosophieren.

Hören, was der andere sagt

Innere Schweinehunde meinen oft, Meister des Gedankenlesens zu sein. Und so überzeugen sie uns davon, das wir die Antwort unseres Gesprächspartners eigentlich schon längst kennen – obwohl der noch gar nicht wissen kann, was wir von ihm wollen. Den Nachbarn um Hilfe bitten? Ach, der wird sicher wieder mit den Kindern beschäftigt sein. Die Kollegin bitten, den freien Tag zu tauschen? Nein, lieber nicht, die hat doch sowieso was gegen mich. Der Mechanismus, den die Schweinehunde hier anwenden, ist immer gleich: Wir sind überzeugt davon, dass in der Argumentation unseres Gegenübers eine Ablehnung unserer eigenen Person liegen könnte. Wir haben Angst, schon Zuhören allein könnte den Verlust unseres eigenen Standpunkts bedeuten. So lässt uns der Schweinehund schon durchladen, bevor der andere überhaupt angesetzt hat, etwas zu erwidern. Leider erliegt der Schweinehund hier einem erheblichen Irrtum. Den Standpunkt des anderen anzuhören bedeutet noch nicht, ihm in der Sache recht geben zu müssen. Es bietet sich aber die Chance, die Art, wie der andere empfindet, nachzuvollziehen, und ihm für diese Art vom Empfindung Verständnis zu signalisieren. Damit geben Sie Ihren Standpunkt in der Sache nicht auf – zuhören bedeutet ja keine Kapitulation –, können aber einen entscheidenden Schritt weiterkommen auf dem Weg zur Lösung.

Wenn ein Nein kommt: Nachfragen!

Wenn wir auf eine Bitte ein »Nein« hören, triumphiert der Schweinehund. »Siehst du, ich hab's dir doch gesagt. Der mag dich nicht.« Auf die nicht so fernliegende Idee, dass es einen sachlichen Grund für die ablehnende Haltung gibt, will er einfach nicht kommen. Da greift er lieber auf das bekannte Repertoire zurück: Er befürchtet, persönliche Ablehnung zu erfahren – und fühlt sich bei einem »Nein« in dieser Haltung bestätigt. Die Folgen können absurd sein: Da gibt sich zum Beispiel ein Verkäufer geschlagen, weil er den Gebrauchtwagen einfach nicht an den Kunden bringen kann – obwohl dieser interessiert scheint. Am Schluss ist er fest davon überzeugt, dass es irgendetwas Persönliches sein muss. Auf die einfache Idee nachzufragen, hat ihn sein Schweinehund nicht kommen lassen. Hätte er gefragt, wäre der Abschluss sicher gewesen. Denn dann hätte er erfahren, dass der Kunde auf einen Finanzierungsvorschlag wartet, der Grund seines Zögerns also nicht persönlicher, sondern finanzieller Natur war. Und genau einen solchen Finanzierungsvorschlag hatte der Verkäufer die ganze Zeit parat– wollte dem Kunden damit aber nicht zu nahe treten. Wie gesagt: ein absurdes Ergebnis, aber auf einfache Art und Weise zu vermeiden.

»Ich« statt »Du«

Offenheit und Ehrlichkeit sind wichtige Grundpfeiler einer gelungenen Kommunikation, egal, ob in der Beziehung, in Freundschaften oder im beruflichen Umfeld. Selbst wenn es manchmal aus strategischen Gründen angezeigt erscheint, ein wenig vom offenen und ehrlichen Weg abzuweichen: Im Regelfall führt er uns schneller ans Ziel.

Eine einfache, aber wirkungsvolle Methode sind sogenannte Ich-Botschaften. Das bedeutet: Grundsätzlich sagt zunächst jeder nur, was er selbst denkt und fühlt, wie er etwas erlebt und was ihn bewegt. Das klingt einfach und alltäglich – dennoch verführt uns der Schweinehund immer wieder zum genauen Gegenteil. Wer bewusst darauf achtet, wird merken, wie oft er nicht von sich selbst spricht, sondern von dem, was der andere angeblich denkt und fühlt. »Du verstehst mich nicht.« – »Du bist ungerecht.« – »Das machst du nur, um mich zu ärgern.« Der Schweinehund reagiert darauf sofort und umfassend: Wenn er »du« hört, geht er in Angriffsstellung und schießt zurück – denn wie kann der andere wissen, was er selbst denkt oder fühlt? Wenn der Schweinehund dagegen ein »Ich« vernimmt (»Ich habe das Gefühl, nicht verstanden zu werden«), fühlt er sich weit weniger bedroht. Er ist dann eher überrascht, staunt ein bisschen – und kommt wesentlich rascher und mit weniger Emotionen zum Kern des Problems. Die Formulierung mithilfe von Ich- anstelle von Du-Botschaften ist übrigens auch eine der zentralen Aussagen der von Marshall B. Rosenberg entwickelten »gewaltfreien Kommunikation« – ein lesenswertes Buch, das Ihnen noch zahlreiche weitere Tipps für eine gelungene Kommunikation geben kann.

Das Ziel nicht aus den Augen verlieren

Schweinehunde haben gern recht, und zwar aus prinzipiellen Erwägungen – sie ignorieren den Kernsatz jeglichen Streits: Recht haben und recht bekommen sind zwei verschiedene Dinge. Sie diskutieren stundenlang über eine zerbrochene Suppenschüssel – wer sie wann und warum falsch abgestellt hat – und vor allem: warum sie ausgerechnet in diesem Moment an dieser Stelle stand und nicht an einer anderen, wo sie nicht heruntergefallen wäre. Dabei ist die Schüssel schon kaputt. Es geht also eigentlich nur noch darum, endlich die Scherben aufzusammeln und zu klären, wer nun eine neue kauft – möglicherweise sind sogar alle froh, dass das alte hässliche Erbstück endlich weg ist. Die Frage, wer schuld ist, wird dabei eigentlich zweitrangig.

Kommunikation kann wesentlich leichter fallen, wenn jeder das Ziel im Auge behält, das für beide Seiten das beste wäre – unabhängig von der Frage, wer recht hat. Wichtiger als recht zu bekommen ist am Ende, ob man mit dem gefundenen Ergebnis leben kann und dieses als berechtigt für sich anerkennt. Das wird in vielen Fällen bedeuten, einen Kompromiss einzugehen – bei Gericht wird dann von einem »Vergleich« gesprochen: Jeder gibt ein bisschen nach, bekommt dafür aber auch etwas. So ein Kompromiss bietet meist die Chance, einen Konflikt schneller und meist auch kostengünstiger beizulegen, als wenn jeder auf seinem Standpunkt beharrt und ihn bis aufs Messer verteidigt. Zahlreiche Prozessordnungen sehen inzwischen die Vergleichsverhandlung als festen Bestandteil einer gerichtlichen Auseinandersetzung vor – eine Maßnahme, die unterschiedlich gut angenommen wird, sicherlich auch deshalb, weil viele Schweinehunde immer noch nach dem Motto verfahren: »Mach das nicht – du verlierst dein Gesicht.« Aber Sie können ihn ja mal fragen, ob er lieber recht bekommen oder glücklich werden will. Schweinehunde sind ja bekanntermaßen Genuss und Wohlergehen nicht abgeneigt, es besteht also die berechtigte Hoffnung, dass er nachgibt.

Und am Schluss ist eines noch wichtig: Akzeptieren Sie die Lösung, wenn ein Kompromiss erzielt wurde und ein Streit aus der Welt ist, selbst wenn Sie mit dem Ergebnis rückblickend nicht mehr ganz einverstanden sind: Sie haben sich einmal so entschieden. Sollten Sie einen Verlust erlitten haben, der Sie nun reut, machen Sie sich klar, dass dies möglicherweise der Preis dafür war, dem Gegendruck ausgewichen zu sein.

Konzentriert arbeiten mit dem Schweinehund

Dieses Kapitel könnte auch heißen: Konzentriert arbeiten trotz Schweinehund. Denn er ist der Erste, der uns daran hindert. Oft macht er schon am Anfang ein kleines Drama (»Mach dir doch erst mal einen Kaffee«) und baut es dann sukzessive aus. Endstufe: »Wenn du dich dauernd ablenken lässt, schaffst du das nie!« Dabei hat er doch angefangen!

Unter diesen Umständen wird es wohl am besten sein, den Schweinehund mit ins Boot zu holen und nicht gegen ihn zu arbeiten. Konzentration herzustellen ist dabei gar nicht so einfach. Das hat im Wesentlichen zwei Gründe. Der eine ist in unserer Software zu suchen: Das Gehirn muss das Programm »Konzentration« extra aktivieren – im Grundmodus ist es auf Weitwinkel geschaltet, scannt also die Umwelt ständig nach neuen Reizen, nach Interessantem oder auch Gefährlichem. Das ist vor dem Hintergrund der Evolution sinnvoll. So ein Höhlenmensch wäre wahrscheinlich nicht alt geworden, wenn er sich stundenlang, ganz versunken im Hier und Jetzt, in seine Höhlenmalerei vertieft und erst reichlich spät bemerkt hätte, dass der anrückende Braunbär nicht allein wegen der Zeichnungen gekommen ist. Kontinuierlich in einer Art »Grund-Alarmbereitschaft« zu leben entspricht also entwicklungsbiologischer Notwendigkeit – und hindert uns bis heute zuweilen daran, in überschaubarer Zeit vorzeigbare Arbeitsergebnisse zu erbringen (übrigens eine schöne Ausrede für den Schweinehund).

Multitasking zerstört Konzentration

Der andere Grund: die liebe Umwelt (klingt auch sehr nach Schweinehund, hat aber einen realen Hintergrund). Unser Informationszeitalter ist geprägt von einer ständigen Reizüberflutung. Von überall her erreichen uns in kurzer Taktung Informationen unterschiedlichster Wichtigkeit, alle aber im Gewande höchster Priorität (»Breaking News«). Was bekannte PC-Betriebssysteme vormachen – möglichst viele »Fenster« parallel offen zu halten (und bloß nicht abstürzen!) –, machen wir in Form von Multitasking nach: möglichst viel auf einmal erledigen. Moment – da kommt grad eine E-Mail rein, nur kurz … so. Wo waren wir stehengeblieben? Ach ja: Dem inneren Schweinehund gefällt das alles gut, kommt es doch seinem Spieltrieb und seiner Neugierde sehr entgegen. Außerdem gibt er seinem Frauchen oder Herrchen damit das Gefühl, wichtig und unentbehrlich zu sein. Je mehr Dinge auf einmal, desto wichtiger. So tun wir vieles gleichzeitig, aber nichts mit unserer ganzen Aufmerksamkeit, was sich häufig auch in der Qualität der Arbeit niederschlägt. Wir sind beschäftigt – aber nicht konzentriert.

Zwei Schritte zu konzentriertem Arbeiten

Natürlich kann man sich jetzt hinsetzen und auf die Konzentration warten – mag sein, dass sie kommt. Vielleicht auch nicht. Die Wahrheit ist: eigentlich eher nicht. Denn leider gibt es keinen Schalter, den wir einfach auf die Stellung »Konzentration« umlegen können. Und da unser Gehirn die Konzentration eben nicht von selbst sucht, muss ein wenig nachgeholfen werden. Das Angenehme ist aber: Sie können Konzentration relativ leicht bewusst erzeugen.

Schritt 1: Ein klares Ziel vor Augen haben.
Dieses Ziel, auf das Sie zusteuern, hat die Wirkung eines Magneten. Es zieht die auf Zerstreuung eingestellten Gedanken an und bündelt sie. Das Ziel besteht in der Aufgabe, die Sie sich vorgenommen haben. Je klarer Sie diese definieren, je genauer die zeitlichen Vorgaben sind, desto stärker ist die Anziehungskraft. Wichtig ist natürlich auch, dass die gestellte Aufgabe interessant ist. Wenn Sie Ihren inneren Schweinehund langweilen, wird er sich die Mühe machen und eine interessantere Beschäftigung für Sie suchen – und schon ist es vorbei mit der Konzentration.

Schritt 2: Bitte nicht stören!
Der zweite Schritt ist in Hotels am einfachsten umzusetzen: einfach ein Schild an die Tür

MACHEN SIE DEN STÖRUNGSTEST

Ein kurzes Telefonat ist doch nicht so schlimm! Nur noch eben die E-Mails anschauen – dauert ja nur fünf Minuten! Das mag sein. Aber in der Summe kommen da schnell zehn Stunden pro Woche zusammen, und bei jeder einzelnen Störung müssen Sie Ihre Konzentration neu aufbauen. Auf diese Weise entsteht der Sägezahneffekt, der Hauptfeind effizienten Arbeitens:

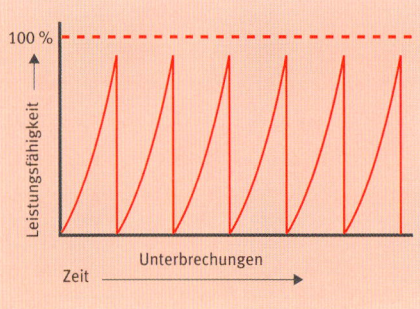

Um herauszubekommen, wie sehr Störungen hemmen, können Sie eine Störungsanalyse machen. Notieren Sie eine Woche lang jede Störung. Analysieren Sie dann, welches die häufigsten Konzentrationskiller waren. Vielleicht können Sie bestimmte Tageszeiten feststellen, zu denen diese vermehrt auftreten, und dann gezielt gegensteuern.

und schon ist Ruhe (klappt allerdings auch nicht immer). Übernehmen Sie dieses Modell für Ihr Büro oder Ihr Arbeitszimmer zu Hause. Denn die Abschirmung vor Störungen ist die zweite, oft unterschätzte Voraussetzung für konzentriertes Arbeiten. Ständige Störungen nehmen wir meist gar nicht mehr bewusst wahr, weil sie zum Alltag gehören. Jede einzelne Störung mag für sich genommen harmlos sein, in der Summe aber machen sie Konzentration unmöglich. Ablenkungen und Störungen kommen übrigens nicht nur von außen. Auch »innere« Störungen, wie Sorgen oder Gedanken an Dinge, die noch erledigt werden müssen, lenken ab und verhindern Konzentration.

Störungsfreier arbeiten

Stellt sich nur noch die Frage, wie das mit dem störungsfreien Arbeiten konkret funktioniert. Klar ist: Weder im Berufsalltag noch zu Hause werden Sie es immer schaffen, für eine absolut konzentrationsgerechte Arbeitsatmosphäre zu sorgen. Aber zumindest manchmal lässt sich vielleicht der eine oder andere der folgenden Tipps umsetzen.

Machen Sie die Schotten dicht! Zumindest stundenweise. Leiten Sie das Telefon um oder stöpseln Sie es aus (keine Angst – die Stromversorgung für den Drehmechanismus der Erde läuft über ein anderes Kabel!), schal-

ten Sie das Handy ab (so eine Mailbox ist eine prima Sache!), an die Tür kommt ein Schild (zur Beruhigung für Ihre Besucher schreiben Sie auch drauf, ab wann Sie wieder zu sprechen sind). Nicht zu machen, sagen Sie? Lassen Sie es auf einen Versuch ankommen. Wahrscheinlich machen Sie die Erfahrung, dass alles eine Frage der Gewohnheit ist.

Bilden Sie Telefonblöcke! Notieren Sie sich die Telefonate, die Sie erledigen wollen, und setzen Sie einen festen Zeitrahmen. Selbst wenn Sie nicht alle erreichen: Die zeitliche Vorgabe verhindert, dass Sie sich »verquatschen«, und mit der Bündelung vermeiden Sie, allzu häufig durch eingehende Anrufe aus Ihrer Arbeit herausgerissen zu werden.

Sorgen Sie für einen störungs- freien Blick! Nur ein kleiner, aber dennoch wichtiger Trick: Räumen Sie alles aus dem Blickfeld, was nicht mit Ihrer aktuellen Tätigkeit zu tun hat. Andernfalls besteht die Gefahr, dass Ihr innerer Schweinehund mal eben nachschauen will, was sich unter dem obersten Blatt verbirgt – und Sie wollen ihm einen Gefallen tun und nehmen sich gleich die ganze Akte vor. »Muss ja sowieso erledigt werden«, sagt Ihr Begleiter. Schon richtig, eben nur nicht jetzt!

Machen Sie sich Notizen! Für alles, was Ihnen zwischendurch einfällt, empfiehlt sich die Wiedervorlage-Methode: Notieren Sie sich dazu kurz ein paar Stichworte in

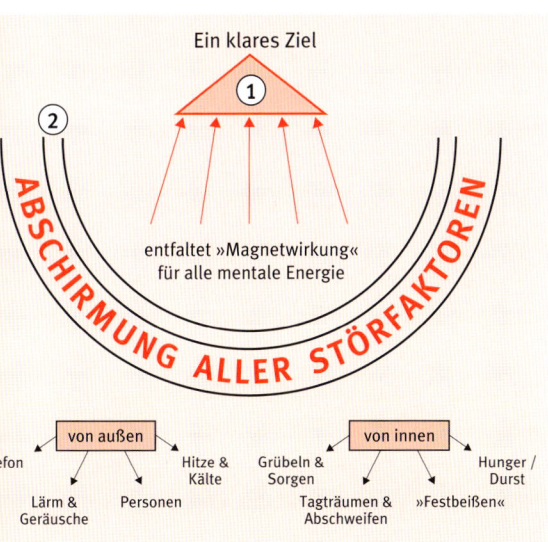

Ihrem Organizer, auf einem Blatt Papier oder in einer speziellen Datei auf Ihrem Rechner und arbeiten Sie diese Liste in regelmäßigen Abständen durch. Das gilt für Dinge, die noch zu tun sind, aber auch für ungelöste Probleme oder auftretende Sorgen. Für den Moment ist die Sache damit erledigt und Sie können sich wieder Ihrer eigentlichen Tätigkeit zuwenden.

Ohne Pausen mault der Schweinehund

Ein klares Ziel und Abschirmung vor Störungen – diese beiden Voraussetzungen ermöglichen konzentriertes Arbeiten. Mindestens genauso wichtig sind regelmäßige Pausen. Die Gewerkschaft der inneren Schweinehunde hat diesen Punkt längst zu einer zentralen Forderung erhoben – leider konnten sie diese Erkenntnis aber noch nicht richtig gesellschaftsfähig machen. Durcharbeiten ohne Pause gehört für viele immer noch zum guten Ton, Pausen kann man schließlich machen, wenn man in Rente ist. Das Tückische dabei ist, dass wir oft gar nicht merken, wenn unsere Konzentrationsfähigkeit nachlässt und unser Leistungsvermögen langsam, aber sicher auf null herunterfährt. Wir merken nur, dass wir nicht mehr so viel schaffen oder Fehler machen, strengen uns noch ein bisschen mehr an, machen keinesfalls eine Pause (die können wir uns dann ja gerade nicht leisten) … und werden immer ineffizienter.

Dabei ist die Lösung für dieses Problem ganz einfach. Sie müssen nicht einmal gegen Ihren Schweinehund agieren, sondern einfach nur auf ihn achten: Er wird Ihnen raten, regelmäßig Pausen zu machen – hören Sie auf ihn. Wissenschaftliche Untersuchungen haben ergeben, dass Konzentration und Arbeitseffizienz nach 50 Minuten erheblich abnehmen. Die passende Kurve dazu sieht ungefähr so aus:

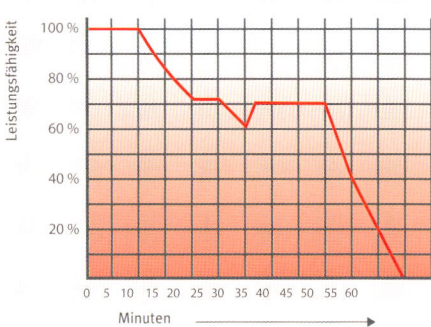

Daraus folgt: Im Optimalfall sollten Sie nach 50 Minuten Arbeit eine Pause von zehn Minuten einlegen. Das mag am Anfang ein wenig ungewohnt sein, aber wahrscheinlich werden Sie die Erfahrung machen, dass Sie mit diesem Arbeitsrhythmus tatsächlich effizienter und konzentrierter sind. Steigern können Sie den Erholungseffekt noch, indem Sie diese zehn Minuten mit Bewegung, einer kurzen Runde um den Block, ein paar Minuten auf dem Fahrrad oder einer Entspannungstechnik garnieren.

Der Schweinehund bildet sich weiter

Die Vorstellung, nach Schule und Berufsausbildung oder Studium habe man »ausgelernt«, ist heute eine Illusion. Das Tempo, mit dem neues Wissen produziert und verbreitet wird, hat sich vervielfacht. So kommt kaum noch jemand an permanenter Weiterbildung vorbei. Für den Schweinehund kann das schon mal zu einer gewissen Überforderung führen – umso wichtiger also, möglichst schweinehundgerecht zu lernen.

»Wer aufgehört hat zu lernen, hat auch aufgehört, stetig besser zu werden.« Dieser Satz klingt in seiner schlagwortartigen Kürze zwar wie ein Merkspruch aus einem zweitklassigen Berufsratgeber, aber es steckt dennoch sehr viel Wahrheit darin. Mag die Weiterbildung in früheren Zeiten eher Hobby oder Luxus gewesen sein auf dem Weg zum großen Karriereschritt, so ist sie heute lebensnotwendig: Wer nicht ständig weiter lernt, verliert nicht nur Karrierechancen, sondern unter Umständen auch den Job. Aktuelles und ständig aktualisiertes Know-how ist zu einem der maßgeblichen Erfolgsfaktoren geworden. Der Vorteil: In den meisten Fällen ist Wissen käuflich zu erwerben. Ein weiterer Vorteil: Noch nie gab es so viele verschiedene und leicht zugängliche Möglichkeiten, an Wissen zu gelangen. Von

Büchern über CDs, DVDs und Online-Lehr-gängen bis hin zu Präsenzseminaren und Fernstudiengängen findet sich auf dem Markt ein riesiges Angebot. Nicht alles davon garantiert freilich einen ausreichenden Qualitätsstandard, im Regelfall machen Sie aber mit etablierten Anbietern, die schon länger tätig sind, keinen Fehler.

Der Schweinehund als Bremsklotz

Ein entscheidender Nachteil liegt allerdings ebenso auf der Hand: Berufliche wie private Weiterbildung bedeuten in der Regel eine nicht unerhebliche Mehrbelastung. Denn sie laufen neben Ihrem Beruf, neben den famili-

DREI SÄULEN BERUFLICHER WEITERBILDUNG

1. Fachspezifische Fortbildung

Damit ist die Spezialisierung innerhalb Ihres Berufsbereichs gemeint. Der Marketing-Fachmann, der sich im Key-Account-Management weiterbildet; die Krankengymnastin, die Zusatzausbildungen im Bereich Rehabilitation macht; der Heizungsbauer, der sein Sortiment um Angebote im Bereich Solaranlagen erweitert. Diese Weiterbildungen gehen in die Tiefe und ermöglichen Ihnen, mit der Zeit einen Spezialistenstatus zu erlangen.

2. Berufsergänzende Fähigkeiten

Neben dieser Vertiefung der Kenntnisse geht es auch darum, weitere berufsübergreifende Fähigkeiten zu erlernen. Dazu gehören zum Beispiel soziale Kompetenz, Kommunikationstechniken, Rhetorik und Präsentationstechnik, Zeit- und Selbstmanagement, Führungs- und Teambildungskompetenz, spezielle PC-Kennt-

nisse etc. Je breiter Ihre Palette ist, desto eher werden Sie sich von Ihren Mitbewerbern abheben und gegebenenfalls die wichtigen Zusatzqualifikationen haben, die über Ihre Karriere entscheiden.

3. Auslandsbezug

Globalisierung, Internationalisierung, Vernetzung – Schlagworte, die heute nicht mehr allein dem Top-Management vorbehalten sind. Wer bisher Rohrleitungsbau in Niederbayern betrieben hat, kann sich in Zeiten weltweiter Projektausschreibungen schnell vor die Aufgabe gestellt sehen, dasselbe im vorderen Orient zu machen. Fremdsprachen und interkulturelle Kommunikationsfähigkeiten werden so zu einem entscheidenden Wettbewerbsvorteil. Dabei kommt es nicht nur darauf an, die Sprache zu verstehen. Auch das Verständnis unterschiedlichster Kulturkreise ist gefragt.

ären Verpflichtungen und auch neben den sonstigen Freizeitbeschäftigungen. Und selbstverständlich kommt da sehr schnell Ihr Schweinehund ins Spiel, der – vielleicht nicht zu Unrecht – der Ansicht ist, Sie sollten sich nicht noch mehr aufhalsen.

Lernen leicht gemacht

Schwierig an der Weiterbildung ist nicht so sehr die Verfügbarkeit des Lernstoffs; was gelernt werden kann und muss, ist – mit ein wenig Recherche – relativ leicht in Erfahrung zu bringen. Wenn Sie einen regelrechten Lehrgang besuchen, zum Beispiel bei der IHK, sind die Lerninhalte sowieso vorgegeben. Viel schwieriger ist ein Aspekt, über den die meisten von uns weder in der Schule noch in der Ausbildung oder im Studium jemals etwas erfahren haben (und der auch heute noch an den Schulen ein Schattendasein führt): die Frage, **wie** man eigentlich richtig lernt. Es geht dabei darum, wie Struktur und Arbeitsweise unseres Gehirns so genutzt werden können, dass mit geringem Lernaufwand (also schweinehundeangemessen) ein maximales Ergebnis erzielt wird. Wer sich für dieses Thema interessiert, für den kann ein Buch über die Grundlagen der Lernbiologie hilfreich sein (zum Beispiel von Frederic Vester: »Denken, Lernen, Vergessen«). Hier soll es nur um drei besonders wichtige Aspekte gehen und die Folgen, die sich daraus ergeben.

Drei Gedächtnisstufen

Von allen Reizen, die auf uns einwirken, werden auf verschiedenen Stufen unseres Gedächtnisses diejenigen Informationen herausgefiltert, die nicht dauerhaft gespeichert werden sollen. Diese Filterfunktion der Gedächtnisstufen sorgt dafür, dass wir nicht an einer unselektierten Informationsflut »ersticken« (eine Art »memory overflow« des Gehirns). Üblicherweise werden drei Gedächtnisstufen unterschieden:

● **Ultrakurzzeitgedächtnis:** Hier werden Sinneseindrücke weitgehend unbewusst (»automatisch«) verarbeitet und dabei in Gehirnströme umgesetzt, allerdings nicht verankert. Die Wahrnehmung wird schon nach wenigen Sekunden (in der Regel nach zwei bis maximal 30 Sekunden) wieder gelöscht – es sei denn, sie erscheint so wichtig, dass sie ins Kurzzeitgedächtnis passiert oder sofort mit schon vorhandenem Wissen assoziiert wird.

● **Kurzzeitgedächtnis:** Dieses dient zur Informationsaufnahme der Dinge, die bewusst und gezielt gespeichert werden und für uns von Bedeutung sind. Im Gehirn wird eine stoffliche »vorläufige Kopie« der Wahrnehmung angefertigt (der Fachmann spricht von einer sogenannten RNA-Matrize – dem Schweinehund ist das aber egal, Hauptsache, Sie merken sich etwas). Die »vorläufigen Kopien« beginnen

135

jedoch schon nach kurzer Zeit zu zerfallen, sodass die Speicherzeit im Regelfall maximal einen Tag beträgt.

● **Langzeitgedächtnis:** Hier erfolgt die dauerhafte Speicherung der subjektiv wichtigen Informationen, die vom Kurzzeitgedächtnis übernommen werden. Es entsteht eine »endgültige Kopie« des Wahrgenommenen.

Für den dauerhaften und schnellen Lernerfolg ergibt sich daraus vor allem ein wichtiger Schluss: **Begegnen Sie dem Vergessensmechanismus durch ständige Wiederholung.**

So retten Sie die »vorläufigen Kopien« im Kurzzeitgedächtnis und sorgen dafür, dass sie im Langzeitgedächtnis endgültig gespeichert werden. Wiederholen Sie zum Beispiel beim Erlernen einer Fremdsprache die neuen Vokabeln das erste Mal schon nach 24, maximal 48 Stunden. Andernfalls besteht die Gefahr, dass Sie die meisten immer wieder neu lernen müssen.

Wissensnetze spinnen

Aufgrund neuerer Erkenntnisse der Gehirnforschung entstand das Modell des sogenannten Wissensnetzes (das auch von der bekannten Managementtrainerin Vera F. Birkenbihl in ihrem Buch »Das ›neue‹ Stroh im Kopf?« erklärt wird). Jede einzelne Gehirnzelle hat Verbindungen zu Tausenden anderer solcher Zellen. Alles, was wir wissen (und

können), ist in ein gigantisches Netzwerk eingebunden, das sogenannte Wissensnetz. Entscheidender Faktor beim Lernen ist allerdings, dass alles neue Wissen an altem Wissen festgebunden (also ins Netz »eingewoben«) werden muss.

Schon vorhandene »Wissensfäden« in unserem Netz wirken sich gewissermaßen als Magneten auf neue passende Informationen aus. Hieraus ergeben sich folgende wichtige Konsequenzen:

● **Je mehr Vorwissen vorhanden ist, desto leichter fällt das Lernen,** da sich dann für neue Informationen umso mehr passende Wissensfäden im Netz finden. Auch hier gilt also das Modell von Seite 94: In der Anfangsphase ist der Aufwand hoch und der Ertrag gering, aber dieses Verhältnis ändert sich, wenn genügend Vorwissen vorhanden ist. Dann kehrt sich das Verhältnis um und Sie können mit geringerem Aufwand schnellere Lernerfolge erzielen.

● **Nutzen Sie Bekanntes als Aufhänger.** Das bereits vorhandene Wissen dient sozusagen als Anknüpfungspunkt, vergleichbar einem fahrenden Zug, auf den Sie als Trittbrettfahrer aufspringen. So wird der Lernstoff vor dem Vergessen im Ultrakurzzeitgedächtnis bewahrt. Hilfreich ist es auch, auf Unterschiede und Gemeinsamkeiten zu bereits Erlerntem zu achten und auf diese Weise Querbezüge herzustellen.

● **Konstruieren Sie Hilfsfäden.** Solange noch nicht genügend Vorwissen vorhanden ist, finden sich keine Wissensfäden, an denen die neue Information andocken kann, sie »versackt« dann sozusagen im Nichts. Hier gilt es, für Neuinformationen Eselsbrücken als Hilfsfäden zu bauen und mit Merkhilfen das Neue ins Netz einzubinden. Sobald das neue Wissen richtig verankert ist und sich zu einem soliden Wissensnetz verdichtet hat, werden die Hilfsfäden überflüssig – die Eselsbrücken können abgebaut werden. Am Anfang sind sie jedoch für Neuinformationen im wahrsten Sinne des Wortes überlebenswichtig. Auf diese Weise machen Sie sich den Anfang leicht – und bauen Hürden für Ihren Schweinehund ab.

Auf allen Kanälen

Zuletzt noch ein Tipp, mit dem Sie beim Lernen in eine Art Turbo-Modus schalten. Es geht dabei um die unterschiedlichen Wahrnehmungskanäle, mit denen wir neues Wissen aufnehmen können. Generell stehen uns drei solche Kanäle zur Verfügung: Wir können sehend (also im Regelfall lesend), hörend (einem Lehrer oder

Viel zu wissenschaftlich!

Das ist ja alles hochinteressant, was da geschrieben steht – aber eigentlich ist mir das viel zu wissenschaftlich. Obwohl mir das Bild mit dem Wissensnetz schon sehr gut gefällt – erinnert mich stark an meine Hängematte. Ein anderer Punkt gefällt mir auch sehr: die Lernplateaus. Anders als bei der Anhäufung von Wissen, das ja mit der Zeit immer schneller erlernt werden kann (weil eben die Hängematte besser trägt), kommt es beim Erlernen neuer Verhaltensweisen (zum Beispiel auch beim Fremdsprachenlernen) immer wieder zu Phasen, in denen es einfach nicht voranzugehen scheint. Das sind die Zeiten, in denen das Gehirn Nervenbahnen für die neuen Verhaltensweisen baut, und wie beim Straßenbau dauert das einfach ein bisschen. Erst wenn der aktuelle Abschnitt der »Daten-Autobahn« fertig ist, geht es mit einem neuen Teilstück weiter.
Die Idee könnte natürlich von mir sein. Denn in den Zeiten, in denen es nicht weitergeht, sinkt oft auch Ihre Motivation – ein idealer Zeitpunkt, anzugreifen und Sie von Ihrem Vorhaben abzubringen. Aber jetzt, wo Sie wissen, woran das liegt, sinken wahrscheinlich meine Chancen, Sie erfolgreich zu sabotieren.

Vortragenden lauschend) oder fühlend (durch Anfassen und »Begreifen« im wahrsten Sinne des Wortes) lernen, je nachdem, welcher Wahrnehmungskanal beim Lernen bevorzugt angesprochen wird. Der dritte Kanal, der sich für viele Lernstoffe nur bedingt eignet (eine Fremdsprache ist ja schlecht zu ertasten), kann durch eigenes aktives Tun und Anwendung des Erlernten ersetzt werden. Auch wenn Sie selbst anderen das Erlernte erklären, haben Sie einen Gewinn. Forschungen haben gezeigt, dass sich vor allem durch die Bündelung der Wahrnehmungskanäle ein wesentlich höherer Lernerfolg einstellt.

Lernen Sie also auf allen Kanälen. Wenn Sie zum Beispiel eine Fremdsprache erlernen, können Sie zum einen den Stoff in einem Lehrbuch lesen, danach die wesentlichen Erkenntnisse daraus auf einem Blatt Papier oder einer Karteikarte zusammenfassen oder, noch besser, jemandem erklären (sollte Ihnen niemand zuhören wollen, können Sie ja auch mal Ihrem Schweinehund eine Lektion erteilen – damit können Sie dann zumindest innerlich ein Selbstgespräch rechtfertigen), Vokabeln und Aussprache mithilfe einer CD trainieren und dann in einem Konversationskurs das Erlernte gleich anwenden. Das hört sich nach viel Arbeit an? Nur auf den ersten Blick. Vielleicht investieren Sie dabei am Anfang etwas mehr Zeit. Aber mittelfristig wird sich der Lernerfolg schneller einstellen als bei weniger zeitaufwendigen Modellen – letztlich sparen Sie also doch wieder.

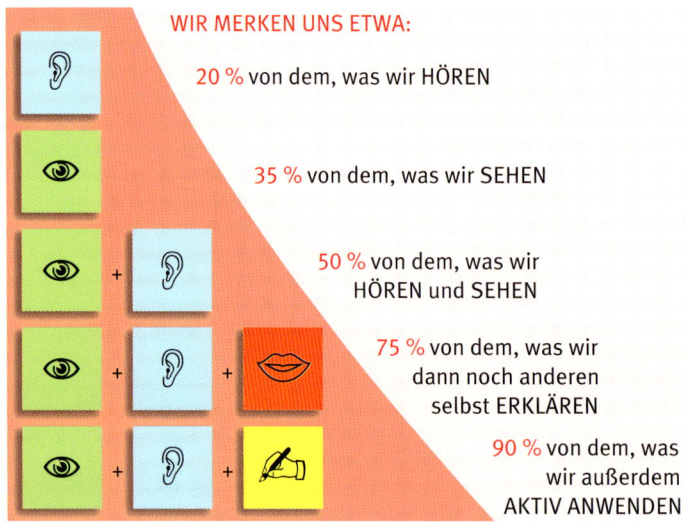

WIR MERKEN UNS ETWA:

20 % von dem, was wir HÖREN

35 % von dem, was wir SEHEN

50 % von dem, was wir HÖREN und SEHEN

75 % von dem, was wir dann noch anderen selbst ERKLÄREN

90 % von dem, was wir außerdem AKTIV ANWENDEN

Der Schweinehund hat mehr Zeit

Die Stapel auf Ihrem Schreibtisch türmen sich, die Liste unerledigter Vorhaben wächst, Urlaub gab es lange nicht und Ihre Familie beklagt sich darüber, dass Sie fast nur noch für den Job leben. Ein bekanntes Szenario? Vielleicht etwas übertrieben, aber ansatzweise sicher vielen bekannt. Woher nur die Zeit nehmen? Gute Frage – hier kommen ein paar Antworten.

Denn das Problem liegt nicht darin, dass zu wenig Zeit vorhanden ist. Sicher, manchmal eilt ein Projekt oder Vorhaben besonders und man wäre froh, wenn einem dafür tatsächlich ein paar Stunden oder Tage mehr zur Verfügung stehen würden. Aber im Übrigen gilt: Alle verfügen über dieselbe Zeit, 24 Stunden am Tag, im Jahr immerhin rund 8650 Stunden.

Interessanter ist die Frage, wo die Zeit, die wir verbringen, eigentlich bleibt. Es sieht zumindest sehr danach aus, als ob viel Zeit nicht so verstreicht, wie wir das geplant haben (wenn wir planen). Es sieht eher danach aus, als ob es da eine Instanz gäbe, die uns bisweilen die Zeit einfach »wegnimmt«. Nicht, dass sie tatsächlich verschwindet, aber wir verbringen sie anders als ursprünglich gedacht. Und das Erstaunliche ist: Auch wenn wir meinen, die schlimmen

Zeiträuber seien lange Staus, erzählfreudige Kollegen und streikende Computer: Der schlimmste Zeiträuber steckt in uns selbst!

Der Schweinehund – Ihr Zeiträuber

Er knappst Ihnen Zeit ab, wo er nur kann – und zwar oft völlig unbemerkt, während Sie denken, gerade etwas besonders Gutes oder absolut Unaufschiebbares zu erledigen. Und bevor Sie es richtig gemerkt haben, ist schon wieder eine Stunde vorüber. Es gibt eine ganze Reihe von Techniken, mit denen Ihr Schweinehund Ihnen Zeit klaut. Die Übersicht auf Seite 141 zeigt Ihnen eine Sammlung seiner wichtigsten Tricks.

Zeitplanung bringt's

Wenn Ihr innerer Schweinehund weiß, welche Vorteile eine gute Zeitplanung mit sich bringt, lässt er sich vielleicht leichter von der Notwendigkeit überzeugen, in diesem Bereich etwas zu verändern. Natürlich mag die Auswahl und Gewichtung der einzelnen Vorteile von Mensch zu Mensch ganz verschieden sein; für viele Schweinehund-Besitzer haben sich aber die folgenden Aspekte als zutreffend erwiesen:

● **Sie leben stressfreier.** Sie können endlich mit der Hektik und dem Gefühl ständigen Getriebenseins abschließen. Sie haben die Zeitdiebe entlarvt, die Ihnen bisher – oft unbemerkt – häufig den ganzen Tagesablauf durcheinandergebracht haben. Von vielen Dingen und Vorstellungen, die Sie für unabwendbar und unabänderlich hielten, haben Sie sich verabschiedet. Sie haben tatsächlich mehr Zeit!

● **Sie können sich um sich selbst kümmern.** Natürlich ist es denkbar, die gewonnene Zeit zu verplanen. Aber warum eigentlich? Genießen Sie diese Zeit erst einmal in vollen Zügen, legen Sie die Füße hoch, tun Sie einfach, wonach Ihnen spontan zumute ist. Diesen Gedanken wird Ihr Schweinehund besonders lieben – lebt er doch sowieso gern für den und im Augenblick.

● **Sie haben mehr Power.** Mehr Zeit zu haben bedeutet auch, mehr Muße zu haben … Zeit, in der Sie auftanken können für neue Herausforderungen, die Sie dann mit neuer Energie angehen.

● **Sie leben differenzierter.** Soll heißen: Sie können endlich zwischen wirklich und nur scheinbar Wichtigem (das aber oft im Gewand der Dringlichkeit daherkommt) unterscheiden. Sie haben sich selbst an die Spitze Ihrer Prioritätenliste gesetzt und plötzlich erreichen Sie Ziele viel schneller und mit wesentlich weniger Energieaufwand – aber mit viel mehr Spaß an der Sache.

Sie sagen:	Das verbirgt sich dahinter:
Bevor ich lang erkläre, wie das geht, mache ich es lieber selbst.	Ihr Schweinehund weiß: Alles, was Sie machen, muss perfekt sein, egal, ob Großvorhaben oder Knopf annähen. Das Problem: **Perfektionismus** kostet viel Zeit – die Ihnen an anderer Stelle fehlt.
Je dringender jemand etwas von mir will, desto länger muss er warten – Hetzerei kann ich nicht brauchen.	Der Schweinehund als Schutzschild. Wenn jemand etwas von Ihnen will, wittert er Bevormundung – und schaltet erst mal auf stur. Aufschieben als Sonderform der **Rebellion** und zugleich Zeitverschwendung. Bringt außer viel Ärger leider meist recht wenig.
Wenn ich mich hier schon abra-ckere, sollen alle etwas davon mitbekommen.	Der innere Schweinehund in **Märtyrerhaltung.** Sie sind überlastet und das sollen auch alle wissen. Ändern will der Schweinehund daran aber nichts – sichert ihm Ihre Überar-beitung doch ausreichend Streicheleinheiten. Doch Sie kostet das viel Zeit.
Der Job – und jetzt auch noch der Haushalt. Ich bin doch keine Putz-frau!	Das ist natürlich richtig – und dennoch sorgt Ihr Schweine-hund zielsicher dafür, dass Sie allen Anforderungen gerecht werden. Er spielt ein bisschen den **inneren Sklaventreiber** und redet Ihnen ein, dass nur Ihre Leistung, nicht aber Sie selbst etwas wert sind.
Egal, wo ich mich anstelle, bei mir dauert es immer am längsten.	Und überhaupt: Alle haben sich gegen mich verschworen. Die bequeme **Opferhaltung** Ihres Schweinehundes erspart die Übernahme von Verantwortung für das eigene Handeln.
Ich bin eigentlich mal wieder völlig überfordert – aber bis jetzt hat noch immer einer geholfen.	Der Schweinehund auf der Suche nach **hilfreichen guten Geistern** – meist ist er erfolgreich. Eigentlich ist er aber auf der Suche nach Zuwendung und leider verwechselt er die Hilfsaktionen mit echter Zuneigung … und gibt Ihnen nebenbei noch das Gefühl, nichts auf die Reihe zu bekommen. Und beim Warten auf Hilfe vergeht eine Menge Zeit, die man mit Eigeninitiative einsparen könnte.
Wenn's brennt, ruft ruhig bei mir an – gern auch am Wochenende.	Die umgekehrte Variante: das **Rettersyndrom.** Ihr Schwei-nehund kann alles, macht alles – und teilt sein Wissen gern mit anderen. Das gibt Ihnen das schöne Gefühl, gebraucht zu werden – kostet aber auch viel Zeit und Kraft.
Warum die immer alles bei mir abladen – ob die was gegen mich haben?	Habe ich mich jetzt richtig entschieden? Oder nicht? Viel-leicht besser noch mal überlegen? Oder den Schweinehund fragen? – Lieber nicht, er ist die Ursache dieser **Grübelei.** Er will Sie damit von realen Handlungen abhalten – schließlich will alles Handeln gut überlegt sein. Braucht nur leider viel Zeit und bringt keinen Gewinn.

Know-how

ZEITPLANUNG IST LEBENSPLANUNG

Zeitplanung kann mehr sein als das Führen eines Kalenders (auch wenn man damit manchmal schon sehr viel erreicht). Zeitplanung wird einfacher, wenn Sie nicht nur die kurzfristigen Ziele des nächsten Tages oder der nächsten Woche vor Augen haben. Auch mittel- und langfristige Ziele können Berücksichtigung finden. Ein gutes Mittel dazu ist das von Cay von Fournier entwickelte System der sieben Horizonte:

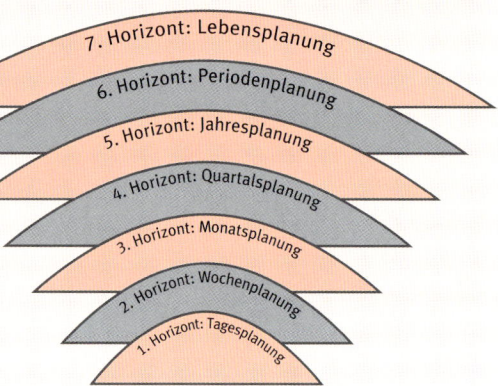

7. Horizont: Lebensplanung
6. Horizont: Periodenplanung
5. Horizont: Jahresplanung
4. Horizont: Quartalsplanung
3. Horizont: Monatsplanung
2. Horizont: Wochenplanung
1. Horizont: Tagesplanung

- 7. Horizont: **Lebensvision** – Lebenssinn und Werte, Wünsche und Träume, Lebensziele.
- 6. Horizont: **nächste Lebensperiode** – Periodenziele und -planung: Stehen Karriereschritte an? Gibt es einschneidende Veränderungen (z. B. Umzug, Kinder gehen aus dem Haus)?
- 5. Horizont: **nächstes Jahr** – Jahresziele und -planung: Wie steht es um die Balance Ihrer Lebensbereiche? Was ist gut, was kann verändert werden?
- 4. Horizont: **nächstes Quartal** – Quartalsziele und -planung: insbesondere Anpassung der Jahresplanung an aktuelle Ereignisse.
- 3. Horizont: **nächster Monat** – Monatsziele und -planung: Abstimmung des Tagesgeschehens auf Jahresplanung und Lebensvision. Geraten Ziele aus dem Blickfeld?
- 2. Horizont: **nächste Woche** – Wochenziele und -planung: Konkrete Umsetzung Ihrer

Gesamtplanung in einzelne Handlungsschritte. Idealer Zeitraum, um eigene Lebensbalance sicherzustellen.

- 1. Horizont: **heute** – Tagesziele und -planung: Wichtig, um im Alltagstrott die Handlungshoheit zu behalten. Bei fehlender Tagesplanung drohen Sie mehr zu reagieren, als zu agieren.

Das sieht nach viel Arbeit aus? Ist es aber nicht. Für die Tagesplanung benötigen Sie meist nicht mehr als ein paar Minuten (am besten am Vorabend erledigen), Wochen- und Monatsplanung sind in 30 bis 45 Minuten machbar. Ein bisschen Zeit nehmen sollten Sie sich für die Horizonte Nr. 5 bis 7 – aber das ist ein Investment, das sich sehr schnell im Alltag amortisiert und das Sie auch gut mit Ihrem Wertecheck kombinieren können.

● **Sie leben ganz in Ihren Rollen.**
Sie wissen, dass Sie täglich viele verschiedene Rollen ausfüllen: im Beruf, in der Familie, bei Ihren Hobbys, im Freundeskreis etc. Und Sie wissen auch, dass alle diese Rollen in Ihrer Planung Berücksichtigung verdienen. Falls Sie sich zu viele Rollen aufgehalst haben, dann verabschieden Sie sich von einer; möglichst von derjenigen, die Ihnen sowieso nicht so besonders liegt (vielleicht die Rolle als Kassierer im Gartenbauverein?). Sie gewinnen mehr Zeit für die anderen wichtigen Rollen.

● **Sie leben in Balance.** Ihr Job ist wichtig – Ihre Familie auch. Aber Sie stecken nicht mehr 100 Prozent Ihrer Energie ausschließlich in einen Bereich. Zeitplanung hilft Ihnen, einen gerechten Ausgleich für alle Lebensbereiche zu schaffen, sodass Beruf und Familie, Ihre Gesundheit und der kulturelle Bereich gleichermaßen Berücksichtigung finden können. Wenn Sie eine solche Balance erreicht haben, leben Sie erfüllter und ausgeglichener. Momentane Schieflagen lassen sich auf diese Weise besser verkraften und ausgleichen. Es geht dabei nicht um eine absolute Ausgeglichenheit aller Bereiche. Sondern um eine relative Balance – mal wird der eine, dann der andere Bereich in den Vordergrund treten.

Zeit gewinnen in drei Schritten

Zeitplanung hat viele Vorteile – und erfordert nur geringe Investitionen. Viel mehr als ein paar Blätter Papier und einen Kalender brauchen Sie nicht. Auch der Zeitaufwand selbst ist gering. Und da Sie in kleinen Schritten vorgehen können, mault auch Ihr Schweinehund nicht. Kurz zusammengefasst sind es drei Schritte, die Ihnen zu mehr Zeit verhelfen:

Schritt 1: Klarheit durch Selbstbeobachtung

Das ist wahrscheinlich der schweinehundverträglichste Schritt: Erst mal nichts verändern, nur anschauen. Was machen Sie eigentlich den ganzen Tag? Welche Störungen treten auf? Haben Sie am Ende des Tages Ihr Pen-

sum geschafft oder übertragen Sie immer wieder Vorhaben auf den Folgetag? Um das herauszubekommen, empfiehlt es sich, kurze Tagesprotokolle anzulegen. Sie brauchen dazu keine Romane zu schreiben. Kurze stichwortartige Aufzeichnungen erfüllen voll ihren Zweck, nämlich einen verlässlichen Überblick über den Tagesablauf und vor allem die Störquellen zu geben.

Schritt 2: Ein Plan, der sitzt

Auf Grundlage der Erkenntnisse aus Ihren Tagesprotokollen können Sie nun ein Zeitmanagement erstellen, das zu Ihnen passt:

● Zuerst die Freizeit einplanen: Pro Woche sollte ein Tag komplett zur freien Verfügung stehen. Legen Sie diesen Tag zuerst fest und schreiben Sie ihn in Ihren Kalender. Von selbst stellt sich Freizeit nämlich nur selten ein.

● Pro Tag eine freie Stunde vorsehen: Das ist genauso wichtig. Auch hier gilt: Wenn die freien Zeiten nicht geblockt werden, ist diese eine Stunde pro Tag schnell wieder mit anderem vollgestellt.

● Feste Termine eintragen: Anschließend tragen Sie alle Termine ein, die unverrückbar sind, wie Konferenzen, Kundengespräche, Arzttermine, Familientermine, Fitnessclub.

● Pufferzeiten vorsehen: Verplanen Sie pro Tag nur maximal 60 Prozent der zur Verfügung stehenden Zeit. Der Rest bleibt frei für Unvorhergesehenes oder Störungen aller Art, die Sie nicht abstellen können. An fehlenden Pufferzeiten scheitern viele Zeitpläne – es wird einfach zu viel in den Tag hineingepackt.

● Einzeltermine eintragen: Erst am Schluss tragen Sie Einzelaktionen ein. Diese leiten Sie aus Ihren längerfristigen Plänen ab, also insbesondere den Wochen- und Monatsplänen (zum Beispiel Projektarbeit am Montagvormittag; Erstellung einer neuen Präsentation am Mittwoch; Kleidungskauf mit den Kindern am Donnerstagnachmittag etc.).

Schritt 3: Nur noch umsetzen

Für die Umsetzungsphase sind vor allem zwei Tipps wichtig: Fangen Sie einfach schon mal an. Ihr Schweinehund sagt: »Wie? Einfach anfangen? Der Plan ist doch noch nicht perfekt!« Hören Sie nicht auf ihn! Zum perfekten Zeitplan werden Sie wahrscheinlich erst nach ein paar Wochen kommen und es hindert Sie niemand, Ihren Plan laufend an veränderte Bedingungen und bessere Erkenntnisse anzupassen. Viel wichtiger ist, dass Sie möglichst rasch erste Erfahrungen sammeln. Außerdem: Halten Sie durch! Auch wenn Sie nach ein paar Tagen den Eindruck gewonnen haben, dass es jetzt doch wieder ohne Plan laufen müsse: Machen Sie trotzdem weiter. Andernfalls werden Sie sehr schnell wieder in den alten Trott verfallen und viel Zeit verlieren.

Der Schweinehund entspannt

Das mag ein wenig paradox klingen: Der Schweinehund soll entspannen? Dabei ist er doch mit seiner notorischen Arbeitsvermeidungshaltung sowieso die Entspannung in Person. Aber das sollte nicht darüber hinwegtäuschen, dass auch ein innerer Schweinehund ganz schön in Stress geraten kann. Er ist gewissermaßen auf Gedeih und Verderb seinem Menschen ausgeliefert – ist der im Stress, hat auch der Schweinehund viel zu tun. Es gilt: Ein entspannter Schweinehund macht das Leben leichter.

»Ich bin total im Stress!« Haben Sie diesen Satz auch schon mal gehört? Oder sogar selbst gesagt? Er gehört heute zum Standardrepertoire, nicht zuletzt deshalb, weil der innere Schweinehund gern einem Trugschluss erliegt: Er glaubt, die Menge des Stresses sei gleichbedeutend mit der Wichtigkeit seines Menschen, mit anderen Worten: viel Stress – große Bedeutung. Diese Gleichsetzung schmeichelt ihm und deswegen bemüht er sich, für noch mehr Stress zu sorgen. Ein verhängnisvoller Kreislauf. Doch was verbirgt sich eigentlich hinter dem Begriff »Stress«? Der renommierte Stressforscher Hans Selye meint, Stress sei nichts anderes als eine körperliche Anpassungsreaktion auf Reize aus unserer Umwelt.

Wenn Sie eine Feder zusammendrücken, so gerät sie unter Spannung. Auch wir geraten, wenn wir unter Druck sind, in Spannung. Und diese Spannung ist, sehr vereinfacht, die Anpassungsreaktion auf den Druck.

Guter und schlechter Stress

Allerdings ist Stress nicht gleich Stress. Es lassen sich zwei Arten dieser Anpassungsreaktion unterscheiden:

- (Negativer) Distress: Diese Stressart ist auf Dauer schädlich und sogar lebensbedrohlich. Sie bringt unter Umständen Krankheiten und Depression mit sich.
- (Positiver) Eustress: Das genaue Gegenteil zum Disstress – diese Stressform ist vitalisierend und lebensnotwendig, sie bringt Freude ins Leben, Gesundheit, Zufriedenheit und Glück.

Wenn wir Stress als belastend empfinden, handelt es sich in der Regel um Distress. Vor dieser Stressart will uns übrigens auch unser Schweinehund mit seinen Sabotagestrategien bewahren – in puncto Stressmanagement ziehen Sie also sogar beide am gleichen Strang, Sie und Ihr Schweinehund.

Was Stress bewirkt

Die Folgen, die sich aus dauerhaftem Stress für uns ergeben, sind durchaus gravierend. Zum einen gehen wir gleichsam mit »getrübter Brille« durch die Welt. Durch diese trüben Gläser sehen wir die Welt wesentlich schwärzer, als sie eigentlich ist.

Mit solch einer pessimistischen Haltung beginnen wir jeden neuen Tag mit mehr Un-

lust, geraten mehr und mehr in Stress und produzieren auf diese Weise noch mehr vom Kampfhormon Adrenalin: ein verhängnisvoller Kreislauf.

Schlimmer ist allerdings, dass wir auf Dauer auch unsere Gesundheit schädigen. Denn das Adrenalin, das im Körper kursiert und nicht abgebaut wird, wirkt auf Dauer wie Gift. Besonders der »kleine Stress zwischendurch«, dessen Wirkung meist wesentlich größer ist als seine Ursache, trägt zu diesem schleichenden Vergiftungsprozess bei. Mit der Zeit zerstört Stress unser Herz und unser Immunsystem, typische Stressfolgen sind:

- Bluthochdruck
- Magengeschwüre
- Herzkrankheiten
- Schlafstörungen
- Kreislaufbeschwerden
- Arthritis
- Gastritis
- Migräne

Sie können aber relativ leicht Abhilfe schaffen! Die Betonung liegt auf »leicht«, denn bei diesem Antistress-Programm macht Ihr innerer Schweinehund garantiert keinen Stress.

VERhindern – VERbrennen – VERdünnen

Was wie eine Beschwörungsformel aus Miraculix' Zauberküche klingt, ist in Wahrheit

Was ich bei Stress so alles anstelle

Wenn Sie in Stress geraten, habe ich häufig meine Hände im Spiel – das merken Sie natürlich nicht, denn der Mechanismus, den ich auslöse, ist ziemlich raffiniert:

- *Sämtliche Umweltreize werden von Ihnen zunächst einmal nicht rational, also mit Verstand und Vernunft behandelt, sondern über das Zentrum im Gehirn, das für Emotionen zuständig ist. Die Vernunft bleibt also außen vor!*
- *Negative Gefühlsreaktionen lösen im zweiten Schritt ein Alarmsignal an das Stammhirn aus. Blitzschnell kommt es zur Ausschüttung von Adrenalin, ein »Kampfhormon«, das unter anderem auch unser Fluchtverhalten steuert. Kein Wunder also, dass Sie in Stresssituationen manchmal am liebsten weglaufen würden.*
- *Problematisch ist nun, dass zu viel Adrenalin im System das Denken beeinträchtigt – bei Überschreiten einer bestimmten Grenze wird es sogar noch schlimmer: Das Großhirn, die »Verstandeszentrale«, wird glatt übergangen. Sie reagieren dann völlig aus Ihren Emotionen heraus, »kampfhormongesteuert« sozusagen. Das ist sinnvoll, wenn Sie in wirklichen Gefahrensituationen sind, im normalen Alltag aber eher hinderlich!*

eine pragmatische und hochwirksame Methode, Stress in den Griff zu bekommen. Und das verbirgt sich dahinter:

Stress VERhindern – die beste Methode überhaupt: gar nicht erst in Stress geraten. Unmöglich?

Nein, das sicher nicht. Aber es erfordert ein wenig Vorarbeit in Form einer Analyse der persönlichen Stressoren, also der Dinge in Ihrem Leben, die Sie immer wieder aufregen und aus dem Rhythmus bringen. Das Erstaunliche: Meist sind es gar nicht so viele verschiedene Auslöser, diese ziehen sich aber wie ein roter Faden durchs Leben. Wenn Sie sich über diese Stressoren klar werden, können Sie bestimmt den einen oder anderen durch gezielte Maßnahmen und Planung vermeiden. So kann es zum Beispiel sein, dass Sie Zeitdruck immer wieder massiv in Stress geraten lässt. Dann können Sie durch

Einplanung von Pufferzeiten und rechtzeitiges Beginnen viel Adrenalinausstoß verhindern.

Meine persönliche Stressorenanalyse

Die folgende Tabelle gibt Ihnen Gelegenheit, Ihre persönlichen Stressoren im Berufs- und Privatleben herauszufinden. Überlegen Sie sich, wie stark die einzelnen Stressoren Sie belasten und welche Gegenmaßnahmen Sie einleiten können.

Stress VERbrennen – die zweite Methode, die dann greift, wenn der Stress schon entstanden ist.

Stress lässt sich natürlich nicht tatsächlich »verbrennen«, im übertragenen Sinne aber schon. Verbrannt wird das Adrenalin, das im Körper kursiert, und zwar durch Sport und jede Form körperlicher Bewegung. Joggen, Fitnesstraining, Tennisspielen oder auf einen

Berufliche Stressoren	Belastungsfaktor 1–6	Kann ich ändern		Gegenmaßnahme
		ja	nein	
1				
2				
3				
4				
5				

Andere Stressoren (Familie, Freizeit, Partner, Freunde)	Belastungsfaktor 1–6	Kann ich ändern		Gegenmaßnahme
		ja	nein	
1				
2				
3				
4				
5				

entstehen im Körper durch alles, was Ihnen und Ihrem Schweinehund Freude bereitet und gute Laune macht. Ein gutes Essen, eine schöner Einkaufsbummel, zwei Stunden in der Sauna, ein gelungenes Candlelight-Dinner mit dem Partner etc. …

Leben Sie entspannter

Ebenfalls im Sinne der Stressprävention ist es, bei der Zeitplanung ausreichend Zeit für Entspannung und Regeneration einzubauen. Der Mensch braucht Erholung und Entspannung ebenso wie Anforderung und Aktivität. Regelmäßige Entspannungsphasen beugen langfristig einem hohen Adrenalinspiegel vor und machen Sie damit stressresistenter. Ein Nebeneffekt: Auch Ihr Begleiter lässt gern mal die Seele baumeln … Sie erinnern sich sicher noch: Eigentlich will Ihr Schweinehund ja nichts Böses, sein Ziel ist, Sie vor Überarbeitung und Anstrengungen zu schützen. Kommen Sie ihm in diesem Punkt ruhig ab und zu entgegen – er wird sich sicherlich erkenntlich zeigen.

Zur Entspannung bietet sich Ihnen eine Fülle von Möglichkeiten an. Da gibt es spezielle Atemtechniken, Muskelentspannung, Autogenes Training, Meditation, um nur einige zu nennen. Manches davon ist leicht zu erlernen, für anderes belegt man besser einen Kurs, zum Beispiel an der Volkshochschule.

Sandsack eindreschen … mit all diesen Tätigkeiten verbraten Sie Ihre Kampfhormone. Beobachten Sie einmal, wie Kinder das machen. Hinterher können Sie wieder klar denken, der Ärger ist verflogen und viel harmloser.

Übrigens: Durch körperliche Aktivität können Sie den Grundpegel des Adrenalins generell niedrig halten. Regelmäßiger Sport ist also nicht nur Ihrer Fitness zuträglich, sondern auch angewandtes Stressmanagement – vielleicht ein Grund für Ihren Schweinehund, Ihr Sportprogramm in Zukunft etwas weniger stark zu torpedieren.

Stress VERdünnen – möglicherweise die Methode, die dem Schweinehund am besten gefällt. Sie können Stresshormone durch »Freudenhormone« verdünnen. Dazu gehören in erster Linie die Endorphine und die

Sie können aber für den Anfang und zwischendurch auch einfach mal die »Light-Version« ausprobieren – ohne viel Aufwand, aber nicht minder wirksam:

● **Natur pur:** Ein langer Spaziergang im Wald oder am Strand, eine Halbtagestour in die Berge, eine halbe Stunde im Stadtpark … das mag unspektakulär klingen, ist aber für viele trotzdem (oder gerade deswegen) beruhigend und erfrischend. Lassen Sie bei dieser Gelegenheit auch Ihr Handy ausgeschaltet – es kann sehr entspannend wirken, mal für eine Stunde nicht erreichbar zu sein!

● **Musik macht was:** Die Lieblings-CD hören, mal wieder in ein Konzert gehen (egal, ob Rock oder Klassik, ganz nach Geschmack) oder vielleicht mal etwas Neues entdecken: Oper, Musical, Theater – einmal für ein paar Stunden aus dem Alltag auszusteigen und in eine »Parallelwelt« einzutauchen kann sehr entspannend und regenerierend wirken.

● **Absolut lesenswert:** Was für den einen die Musik, ist für den anderen das Buch – die Lektüre eines Buches kann uns fesseln und sie ermöglicht uns zudem, uns – äußerlich fast unbemerkt – gegen die Umwelt abzuschirmen. Wie stark der Entspannungseffekt ist, mag von der Art des Buches abhängen (ein reißerischer Krimi regt manchen vielleicht zu sehr auf) – letztlich hängt das aber nur von Ihrem persönlichen Geschmack ab. – Übrigens: Ein Kinobesuch kann ähnliche Wirkung haben. Probieren Sie einfach aus, wobei Sie am besten entspannen können.

● **Schön warm:** Wohlige Wärme hilft uns nicht nur körperlich, sondern auch innerlich zu entspannen. Ob in der Sauna, einem Dampfbad oder in der häuslichen Badewanne – manchmal können schon dreißig Minuten ausreichen, um unseren Alltagsstress loszulassen und uns innerlich wieder in einen entspannten Grundmodus zu bringen. Und je ruhiger dabei die Umgebung und je geringer die Ablenkungen, umso besser.

● **Spiel mal wieder:** Paradoxerweise schränken viele Menschen, wenn sie in Stress geraten, genau das ein, was ihnen eigentlich Spaß macht, insbesondere spielerische Tätigkeiten, bei denen sie die Zeit vergessen könnten. Mit vollem Einsatz an einem Tennis- oder Fußballspiel teilzunehmen – und zwar nicht, um zu gewinnen, sondern um zu spielen – lässt uns für eine gewisse Dauer wieder ein wenig wie Kinder werden. Von ihnen können wir den Spaß am Spielerischen und vor allem das Lachen wieder lernen – nicht im Sinn einer oberflächlich fröhlichen Ausgelassenheit, sondern in dem Sinn, dass wir den kindlichen Teil in uns wieder beleben und dort auftanken. – Übrigens, was dem einen das Spiel bieten kann, findet die andere im Tanz.

Mit dem Schweinehund Kultur genießen

Gut möglich, dass Ihr innerer Schweinehund sich zurückzieht, wenn er hört, dass es um Kultur geht. »Kein Problem, machen wir doch – die Fernbedienung liegt auf dem Tisch«, mag er sich denken. Also endlich mal ein Thema, bei dem Mensch und Schweinehund einer Meinung sind? Grundsätzlich schon, die Differenzen liegen diesmal eher im Detail, aber genau darauf kommt es hier an. Schweinehunde haben oft eine sehr eigene Auffassung von Kulturgenuss. Zeit, sich ein wenig genauer damit zu beschäftigen.

Innerer Schweinehund und Kultur? Wenn Sie jetzt sagen: »Das passt doch nicht zusammen«, haben Sie vielleicht sogar recht. Tatsächlich vertreten viele Schweinehunde eine einfache Auffassung: Kultur kommt aus dem Fernseher. Kein Grund also, sich umständlich und vielleicht auch noch in der sowieso knappen Freizeit in ein Museum, ein Konzert oder gar ins Theater zu begeben … einfach den Knopf der Fernbedienung drücken. Schließlich muss sich die Investition in die neue Flachbildtechnologie ja lohnen, wäre doch schade ums Geld.

Nun bietet ganz unbestritten auch das Fernsehen hin und wieder anspruchsvolle Kultursendungen, hervorragende Verfilmungen, gut gemachte Krimis und – ganz selten allerdings – denkwürdige Preisverleihungen. Sehr oft allerdings siegt die Bequemlichkeit. Unser Schweinehund lebt da nach der einfachen Formel: Niveau runter, Bequemlichkeitsfaktor rauf. Und schafft es auf diese Weise immer wieder, zu verhindern, dass wir uns vom Sofa erheben und Kultur – in welcher Form auch immer – live erleben.

Bitte kein Kulturpessimismus!

Damit das nun nicht in eine allgemeine und reichlich pessimistische Kritik der allgemeinen »Kulturlosigkeit« abgleitet, soll eines klargestellt werden: Natürlich erwartet keiner, dass man nach einem anstrengenden 11-Stunden-Arbeitstag begeistert den Dreiteiler und das Abendkleid auspackt und in die Oper zieht. Und keinesfalls soll propagiert werden, dass nur der allsonntägliche Museumsbesuch heilsbringend wirkt. Oft hat der innere Schweinehund mit seiner Fernbedienungsstrategie sogar recht: Er verschafft Ihnen auf diese Weise wenigstens eine halbe Stunde Ruhe und Entspannung.

Nein, es geht um etwas anderes, nämlich darum, hin und wieder und in kleinen, schweinehundverträglichen Dosen aus dem gewohnten Lebenskontext herauszutreten und den eigenen Horizont zu erweitern, sei es nun durch die Lektüre eines Romans, einen Theater- oder Konzertbesuch oder ein paar Stunden in einer Ausstellung oder einem Museum. Es geht also um die Balance zwischen Altbekanntem (das der Schweinehund liebt) und Neuem (das den Schweinehund reizt – wenn Sie es ihm interessant genug verkaufen).

Bringt das was – außer Kosten?

Zugegeben: So eine Theaterkarte ist nicht billig, Kino und Konzerte gehen auch ins Geld und 25 Euro für einen Roman, das überlegt sich vielleicht mancher zweimal. Der Schweinehund macht daraus ein schönes Argument: »Das kostet doch alles nur Geld und bringt nicht viel – lass es sein!« Auf den ersten Blick stimmt das auch – der Ertrag ist nicht so unmittelbar spürbar wie nach einer Shoppingtour, wenn zumindest die Menge der Tüten Auskunft gibt, womit man die letzten Stunden zugebracht hat.

Bei Kunst und Literatur, ganz allgemein bei Kulturgenuss, verlaufen die Mechanismen etwas subtiler, aber nicht minder wirksam. Wissenschaftler beschäftigen sich seit jeher mit den Wirkmechanismen von Kunstwerken, von Literatur und Musik. Viele Erkenntnisse mögen nur für Spezialisten interessant sein, aber manches davon lässt sich auch in den Alltag übertragen.

● **Kulturgenuss macht gute Laune.** Kunstwerke oder ein schönes Konzert können in uns Gefühle wie Freude und Zuversicht erzeugen, uns also in gute Stimmung versetzen.

Neuere Studien aus Großbritannien belegen zum Beispiel, dass Kunstwerke in Gängen und Behandlungszimmern von Krankenhäusern eine positive Wirkung auf die Stimmung der Patienten haben.

Sie lenken von Beschwerden ab und ermöglichen kleine »Sekundenfluchten« aus dem Alltag.

● **Kulturgenuss öffnet neue Horizonte.** Ein Kunstwerk, aber auch der Musikgenuss oder ein Buch können uns zumindest zeitweise aus unseren alltäglichen Mechanismen, den Alltagsroutinen und Einengungen befreien und damit den Blick erweitern für neue Sichtweisen auf altbekannte Probleme – und so neue, andersartige Lösungen ermöglichen.

● **Kulturgenuss entspannt und zentriert.** Wer liest, einem Konzert lauscht oder eine Theateraufführung genießt, kann für eine gewisse Zeit inmitten aller auf uns einwirkenden Reize ganz für sich sein und in die Welt seines Buches, der Musik oder des Theaterstückes eintauchen.

Abschirmung ist eine der beiden wichtigen Voraussetzungen für Konzentration (siehe Seite 129 ff.), der Fokus richtet sich völlig auf das Gelesene, Gehörte oder Gesehene, und in dieser Fokussierung liegt – wie bei einem Flow-Erlebnis (Seite 94 ff.) auch gerade der Entspannungseffekt.

Denn dieses konzentrierte Tun bildet das genaue Gegenteil unseres Alltags, der mit seinen ständig wechselnden Anforderungen und Ablenkungen zerstreut und damit anstrengt.

● **Kulturgenuss bringt auf andere Gedanken.** In der Konzentration auf eine der geschilderten Tätigkeiten liegt ein weiterer Vorteil: Die Aufmerksamkeit verlagert sich auf einen Gegenstand beziehungsweise ein Thema, weg von Sorgen und Problemen des Alltags. Ein Beruhigungseffekt ist sogar körperlich feststellbar.

So verändert sich zum Beispiel bei der Lektüre die Muskelspannung; Herzschlag und Atmung werden ruhiger. Dieser Ausblendungseffekt mag vorübergehend sein, entlastet aber dennoch.

So wird Kunstgenuss zu einer Art Ruheinsel in den hohen Wellen der täglichen Herausforderungen.

MACHEN SIE KULTUR-INVENTUR

Führen Sie doch einfach mal eine persönliche Kultur-Inventur durch. Füllen Sie in der folgenden Tabelle zunächst nur die erste Spalte aus.

Überlegen Sie sich dann, wie Ihr kulturelles Wunschprogramm für das nächste Jahr aussehen könnte.

Gelesen/besucht	In den letzten 12 Monaten	In den kommenden 12 Monaten
Bücher		
Konzerte/Oper/Operette		
Theater		
Kino		
Vorträge		
Museen/Ausstellungen		
Besichtigungen (zum Beispiel auf Reisen)		

Kulturgenuss in den Alltag bringen

Ihr innerer Schweinehund hat es wahrscheinlich schon geahnt: Jetzt wird es wieder darum gehen, etwas Neues in Ihren sowieso schon gut gefüllten Kalender zu integrieren. Er bringt sich vorsorglich schon mal in Stellung und legt sich sein Standardargument für derartige »Spielereien« (wie er es nennt) zurecht: »KEINE ZEIT!« Tatsächlich sieht es ja zunächst danach aus, als ob derartige Luxusvorhaben anderen, wichtiger erscheinenden Plä-

nen weichen müssten. Aber eines vergisst der Schweinehund gern: Es gibt eine Zeitreserve, die für die meisten Menschen ohne Weiteres anzapfbar ist – die Fernsehzeiten. Genau so, wie Sie bereits Ihre Kultur-Inventur gemacht haben, können Sie mit einer Fernseh-Inventur feststellen, wie viele Zeitreserven Ihnen für ein Kulturprogramm zur Verfügung stehen. Notieren Sie sich bitte einmal, wie viele Stunden Sie im Durchschnitt pro Tag fernsehen:

Mein durchschnittlicher Fernsehkonsum beträgt pro Tag _____ Stunden.

Und nun können Sie anhand der folgenden Tabelle ablesen, welche Zeitreserven darin enthalten sind.

Das Schöne und absolut Schweinehundgerechte: Sie brauchen gar nicht auf den gesamten Fernsehkonsum verzichten – schon eine Teilersparnis bringt eine ganze Menge.

Ihr Fernsehkonsum pro Tag	Davon vermeidbar	= ca. Stunden im Jahr	Entspricht
	3	1095	ca. 1,5 Monate
	2,5	912	ca. 1¼ Monate
	2	730	ca. 1 Monat
	1,5	547	ca. ¾ Monat
	1	365	ca. ½ Monat
	0,5	182	ca. 1 Woche

Das ist eine ganze Menge! Um diese Zahlen noch mit etwas mehr Leben zu füllen, hier noch eine Rechnung für Ihren Schweinehund:

Nehmen wir mal an, Sie können pro Stunde 15 Seiten eines Buches lesen. Dann ergibt sich, angelehnt an die obige Auflistung, folgendes Lesepensum:

Vermeidbarer Fernsehkonsum pro Tag	= ca. Stunden im Jahr	= ca. Bücher à 200 Seiten pro Jahr
3	1095	82
2,5	912	68
2	730	55
1,5	547	41
1	365	27
0,5	182	13

Ihr innerer Schweinehund braucht nun keine Angst zu bekommen – Sie sollen nicht 82 Bücher im Jahr lesen (es sei denn, Lesen bereitet Ihnen viel Freude – dann könnten Sie sich wahrscheinlich auch gleich die GEZ-Gebühr sparen und den Fernseher abschaffen). Es geht darum, Ihrem Begleiter klarzumachen, dass sein Standardargument »Keine Zeit« einfach nicht stimmt – die Zeit ist da, es kommt nur darauf an, wofür sie genutzt wird.

Zeitfüller Kultur

Stellt sich noch die Frage, womit Sie Ihre frei gewordenen Zeitreserven füllen können. Wenn Sie bisher schon immer mal wieder Kultur genossen haben und jetzt mehr Zeit dafür erübrigen können, haben Sie sicherlich Ihre persönlichen Favoriten. Sollten Sie dagegen eher »Kulturgenuss-Beginner« sein, finden Sie hier ein paar Tipps – probieren Sie aus, was Ihnen davon gefällt.

● **Gehen Sie zwischendurch in ein Museum, eine aktuelle Ausstellung oder eine Kirche.** Beginnen Sie mit kleinen Schritten: Sie brauchen nicht im Schnellverfahren das ganze Ausstellungsprogramm abzuspulen – und benötigen somit auch nicht fünf Stunden Zeit am Stück. Meist ist es sinnvoller, sich ein paar Highlights anzusehen, sich auf wenige Werke zu konzentrieren und diesen dann eine halbe oder eine Stunde Zeit zu widmen.

● **Planen Sie Konzert-, Theater- und Kinobesuche ein.** Ein wichtiger erster Schritt dazu: Abonnieren Sie ein Monatsprogramm (in Druckform oder als E-Mail-Newsletter), das Sie regelmäßig und rechtzeitig über das Programm in Ihrer Stadt oder Region informiert (in München wird dieses Heft in Anlehnung an seine Umschlagfarbe übrigens »Die gelbe Gefahr« genannt – eine Bezeichnung, die zweifelsfrei von einem Schweinehund

stammt). Kreuzen Sie dann die Veranstaltungen an, die Sie interessieren, und tragen Sie die Termine in Ihren Kalender ein. Es ist mit der Kultur nicht anders als mit anderen Vorhaben: Ohne konkrete Planung wird nichts draus!

● **Schaffen Sie sich Leseinseln.** Auch wenn Ihr Schweinehund jetzt weiß, dass theoretisch viele Stunden Zeit zum Lesen zur Verfügung stehen – gehen Sie es am Anfang eher verhalten an: Planen Sie täglich 15 Minuten ein. Auch wenn Sie damit nicht so viele Seiten schaffen (worauf es im Übrigen auch nicht ankommt): Der positive Effekt der Lektüre, insbesondere ihre (kon)zentrierende Wirkung, stellt sich schnell ein. Wenn Ihr innerer Schweinehund diesen Effekt erst einmal mitbekommen hat, wird er gegen mehr Lesezeit wahrscheinlich nichts einzuwenden haben.

● **Nutzen Sie Leseinseln, die andere Ihnen verschaffen.** Fahrtzeiten in der U-, S- oder Straßenbahn und im Zug, Wartezeiten beim Arzt, am Flughafen, am Bahnhof – alles Zeitinseln, die Sie natürlich auch zum Telefonieren oder zum Blättern in einer Illustrierten verwenden können. Sie könnten aber stattdessen, immer ein interessantes Taschenbuch dabeihaben, in das Sie in solchen Situationen kurz eintauchen. Möglicherweise werden Sie auch dabei die entspannende Wirkung des Kulturgenusses erfahren.

Der Schweinehund räumt auf

Die Schränke übervoll, Abstellkammer und Keller kann man kaum noch betreten. Ein Luxusproblem? Ihr innerer Schweinehund umgibt sich gern mit vielen schönen Dingen: Sie wärmen ihn und seine Seele, wecken Erinnerungen, sorgen für Behaglichkeit. Warum es dennoch manchmal besser ist, sich davon zu trennen, zeigt der folgende Abschnitt.

Eine kleine Klarstellung vorneweg: Selbstverständlich sind **Sie selbst** ein ausgesprochener Freund ordentlicher Wohn-, Keller- und Abstellräume. Ginge es nach Ihnen, müsste diese ganze unselige Krempel-Debatte gar nicht geführt werden. Alles wäre schön leer und ordentlich aufgeräumt, und selbstverständlich würden Sie nie wieder Zeit mit der Suche nach Steuerbescheiden aus dem vorletzten Jahr verbringen – die wären schließlich säuberlich abgelegt. Leider hat Ihr innerer

Schweinehund da wenig von Ihnen mitbekommen – unter anderen Umständen würde man vielleicht sagen: Da ist etwas in der Erziehung schiefgelaufen. Aber beim Schweinehund ist das natürlich anders: Den haben wir ja so bekommen, wie er eben ist. Und so kommt es, dass sich doch viele Menschen mit dem allseits bekannten »Keller- Abstellkammer-Garagen-Syndrom« (für Hausbewohner wahlweise »Keller-Speicher-Garagen-Syndrom«) herumschlagen.

Was alles Gerümpel sein kann

In all diesen Räumen wird einem oft besonders deutlich, dass man da eigentlich viel wegschmeißen könnte. (Erkannt? Bei den Formulierungen hat der Schweinehund kräftig mitgeholfen.) Aber das sind natürlich nur die offensichtlichen Krempelecken. Da kann auch der Schweinehund oft kaum noch was anderes tun als: Tür auf, rein damit, Tür schnell wieder zu. Etwas tückischer sind die vielen kleinen Nischen, in denen sich unbemerkt über Wochen, Monate, Jahre so einiges ansammelt: in der Garderobe, unter dem Bett, auf dem Schlafzimmerschrank, auf der Ablagefläche hinter der Badewanne, auf dem Schreibtisch (es sind oft die Ecken, in denen wir ungern Staub wischen, weil wir so viel wegräumen müssten). Manchmal ärgern wir uns darüber, meist aber legt sich über solche Flecken recht schnell der gnädige Mantel der Gewöhnung – wir sehen sie dann einfach nicht mehr. Krempel und Gerümpel kommen übrigens nicht immer sofort erkennbar als Müll daher – aber viele Dinge des täglichen Lebens haben schon beim Kauf das Potenzial dazu. Hier nur eine kleine Auswahl:

Das Kolonialstil-Salatbesteck für nur € 14,90

Viele Gegenstände, die wir käuflich erwerben, sind Massenware: billig produziert, beschränkt haltbar, teuer verkauft – aber eben nicht so teuer, dass wir wegen des Preises vor dem Kauf zurückschrecken. Denn der Kauf wird uns durch eine andere Maßnahme der Marketingexperten erleichtert: Sie »laden« die Dinge emotional auf – mit Design oder mit einer Geschichte, die uns das Gefühl vermitteln soll, der Erwerb dieses Produkts würde uns in eine andere (bessere?) Welt versetzen. Selbst wenn wir schon drei Salatbestecke haben: Dieser Kolonialstil hat uns ja schon immer gefallen … Warum also nicht ein klein wenig davon ins Haus holen – und sei es nur in Form eines Salatbestecks.

Die Edelstahl-Design-Eieruhr – mit Doppelzeitmessung

Derselbe Mechanismus, nur auf einem anderen Preisniveau. Einfaches Innenleben, aber außen viel Design. Und sehr teuer. Die Methode: Ich leiste mir etwas Besonderes – und verschaffe damit meinem inneren Schweinehund das Gefühl, auch etwas Besonderes zu sein. Dagegen ist an sich wenig einzuwenden. Wenn man das allerdings zu oft macht, sind Platzprobleme programmiert.

Der Slimeline-Multidisc-Player

Schweinehunde sind technikbegeistert – das färbt zuweilen auf Frauchen und Herrchen ab. Neueste technische Spielereien vermitteln uns den Eindruck, in jeder Hinsicht auf der Höhe der Zeit zu sein. Leider haben all diese

SEELISCHER BALLAST

Krempelecken gibt es übrigens nicht nur hinterm Sofa. Auch die Seele schleppt manchmal Ballast mit sich rum, der so schwer wiegen kann wie eine Altpapiertonne: offene Streitigkeiten, Ärger, Groll. Freundschaften, die eigentlich keine mehr sind. Sorgen, die uns regelmäßig die Laune verderben. An diesen inneren Ballast will der Schweinehund überhaupt nicht ran. Denn häufig bringt die Auseinandersetzung mit diesen Themen negative Gefühle mit sich – die will unser Begleiter auf jeden Fall von uns fernhalten. Allerdings: Auf Dauer geht es uns auch mit der Verdrängungsstrategie eher schlecht als recht. Beispiel: anderen verzeihen. Das gehört zweifelsfrei zu den schwereren Übungen. Aber die Aussicht, dem anderen über Jahre hinweg etwas nachzutragen, macht auch nicht froh – und Schweinehunde tragen sowieso ungern schwere Sachen.

Für das Verzeihen gibt es kein Patentrezept, und je nach Schwere des erlittenen Unrechts ist es vielleicht ohne die professionelle Hilfe eines Dritten nicht möglich. Für die leichteren Fälle können die folgenden vier Schritte helfen:

1. **Versuchen Sie, innerlich Abstand zu gewinnen.** Dabei kann es hilfreich sein, auch äußerlich Distanz zu gewinnen: Vielleicht machen Sie eine Weile »einen Bogen« um Ihren Kollegen oder Ihren Nachbarn, dem Sie böse sind. Oder Sie verlassen einfach in einer akuten Streitsituation kurz das Zimmer und atmen tief durch. Sollten Sie wütend sein: Nutzen Sie dieses Gefühl, um Abstand zu gewinnen – im ersten Zorn loszupoltern mag zwar vordergründig befreiend wirken, bringt einen langfristig aber meist nicht sehr viel weiter.

2. **Ziehen Sie eine Trennscheibe ein** – gedanklich natürlich. Auf Ihrer Seite: Ihre Kränkung und schlechte Gefühle. Die »böse Tat« des anderen bleibt auf der anderen Seite.

3. **Verarbeiten Sie Ihre negativen Gefühle.** Das klingt etwas psychologisierend, gemeint ist damit: Diese Gefühle gehören dazu – unterdrücken Sie sie nicht. Gehen Sie bewusst durch diese Phase. Das ist unangenehm, und möglicherweise werden Sie traurig sein oder auf Rache sinnen. Aber erst, wenn Sie diese Gefühle durchlebt haben, erlangen Sie Ihre innere Souveränität zurück und können der Frage nachgehen, ob Sie tatsächlich verzeihen können.

4. **Versuchen Sie, die andere Seite zu verstehen.** Das erscheint am Anfang wahrscheinlich unmöglich. Vielleicht finden Sie aber einen Grund, der das Handeln des anderen nachvollziehbarer macht. Dann wird auch das Verzeihen leichter.

schönen Sachen eine relativ kurze Halbwertszeit – meist verdeutlicht schon der nächste Werbeprospekt vom Elektromarkt, dass wir nicht mehr auf dem neuesten Stand sind. So wird aus dem schönen Designstück sehr schnell Elektroschrott.

Die Gefrierdosensammlung

Auch unter dem Begriff »Eisdosen-Syndrom« bekannt: Speiseeisverpackungen, die man nach Gebrauch als Gefrierdose verwenden kann. Praktisch! Der Schweinehund sagt dazu: »Heb das auf, viel zu schade zum Wegwerfen, sonst musst du diese Dosen erst teuer kaufen!« Also packen Sie die Dose zu den 15 anderen im Küchenschrank ... Der Trick funktioniert übrigens auch bei Senfgläsern, Einkaufstaschen, Geschenkpapierresten ...

Entrümpeln bringt etwas – gute Argumente für Ihren Schweinehund

Um Ihrem Schweinehund die Entscheidung zu erleichtern, finden Sie hier fünf gute Gründe, die fürs Entrümpeln sprechen. Sie wissen ja: Mit Argumenten fängt man Schweinehunde!

1. Mehr Platz!

Wenn Sie bisher den Eindruck hatten, Sie bräuchten eigentlich eine größere Wohnung: Probieren Sie es mit Aufräumen und Wegwerfen. In vielen Wohnungen lässt sich damit und mit einem geschickten Stauraum-Management ein Drittel mehr Wohnfläche gewinnen.

2. Mehr Zeit!

Krempel frisst Raum – und Zeit. Er will sortiert, gesucht, ausgeräumt und wieder verstaut werden. Weniger davon beschleunigt viele Vorgänge – Sie haben mehr Zeit für die Dinge, die Ihnen wirklich wichtig sind.

3. Mehr Wohlbefinden!

Vieles, was rumliegt, belastet – auch wenn wir uns dessen nicht bewusst sind. Unreparierte Elektrogeräte, unbeantwortete Briefe, ungeklärte Streitigkeiten: Sie haben immer vor Augen, was Sie eigentlich noch alles erledigen müssten. Ordnung in diesen Dingen schafft gute Gefühle.

4. Mehr Antriebskraft!

Krempel frisst Raum und Zeit – und Energie! Mit unerledigten Dingen hält Sie Ihr Schweinehund zielsicher davon ab, Neues anzugehen: »Bring erst mal die alten Baustellen zum Abschluss, bevor du neue aufmachst!« Richtig! Schaffen Sie die alten beiseite – damit Sie im wahrsten Wortsinn Raum und Energie für Neues haben.

5. Mehr Selbstbewusstsein!

Ihre Wohnung strahlt in neuem Glanz! Ihr Büro ist ein Spiegel Ihres Organisations-

Warum ich ungern entrümpele

Aufräumen und wegwerfen – das ist so gar nicht mein Ding. Ich hab's nun mal gern gemütlich. Diese »Andere Leute wohnen schöner«-Ästhetik in den Architekturzeitschriften – mit leeren Küchenarbeitsplatten, tanzflächengroßen Wohnzimmern mit genau einem Sofa drin und einem dekorativ hingeworfenen Kleidungsstück im Schlafzimmer – scheußlich! Wie in einer Fabrikhalle. Ich brauche Krempel, und zwar möglichst viel. Das hat auch den Vorteil, dass wir uns gar nicht erst auf diese unseligen Diskussionen einlassen müssen: »Braucht man das noch mal?« Natürlich kann man das alles noch mal brauchen – ich weiß noch nicht wann, sicher ist nur: garantiert dann, wenn Sie es gerade weggeworfen haben.

Natürlich sollte es nicht so weit kommen, dass ich am Ende keinen Platz mehr finde, an dem ich es mir gemütlich machen kann. So gesehen unterstütze ich Sie schon bei Ihren Bemühungen um ein wenig mehr Ordnung. Nur bitte nicht wieder alles auf einmal! Das wird mir sonst zu anstrengend. Gehen Sie schön der Reihe nach vor, in kleinen Häppchen (Stichwort: Salamitaktik, Seite 102). Dauert ein bisschen länger, wird aber dafür von mir weniger stark sabotiert. Versprochen!

talents! Das sind Streicheleinheiten für Ihr Selbstbewusstsein, und Sie werden sich jedes Mal voller Stolz freuen, wenn Sie Ihre vier Wände betreten. Außerdem gilt: Geht's dem Menschen gut, freut sich der Schweinehund. Er weiß jetzt, dass es ihm bei Ihnen richtig gut gehen kann – und wird Sie zukünftig ein klein wenig seltener sabotieren.

DER GROSSE ENTRÜMPELUNGSPLAN

Hier finden Sie eine Übersicht über die häufigsten Krempelecken – damit Ihr Schweinehund schneller fündig wird. Ausführliche Tipps zum Entrümpeln lesen Sie am besten im Buch »Entrümpeln mit dem inneren Schweinehund« nach. Generell gilt: Noch gebrauchsfähige und gut erhaltene Sachen können Sie natürlich auch einer Zweitverwertung zuführen – zum Beispiel übers Internet verkaufen oder einer sozialen Einrichtung spenden.

Küche – das muss raus
- Kaputtes/angeschlagenes/unvollständiges Geschirr/ Gläser → Restmüll
- Defekte/unvollständige/nie benutzte Küchengeräte → verkaufen oder verschenken
- Verdorbene Lebensmittel → Bio- oder Restmüll
- Überzähliges Geschirr/Gläser/ Küchenwerkzeug → reduzieren

Bad – das muss raus
- Schäbige/verstaubte/unansehnliche Dekoartikel → Restmüll
- Putzmittel → Abstellkammer oder Besenschrank
- Abgelaufene/unbenutzte Kosmetika, Cremes etc. → Restmüll

Flur – das muss raus
- Getränkekästen & Altglas → in die Abstellkammer oder den Keller
- Altpapier → Sammelkarton in der Abstellkammer oder im Keller
- Putzzeug → Besenschrank oder Abstellkammer
- Jacken und Mäntel, die nicht zur Jahreszeit passen → auslagern
- Schuhe → geschlossenes Schuhregal
- Post → kleiner Postkorb, täglich leeren
- verstaubte Dekorationsgegenstände   Restmüll

Kinderzimmer – das muss raus
- Defekte(s)/nicht mehr altersgerechte(s)/unbenutzte(s) Spielzeug/Bücher → wenn noch in Ordnung: verkaufen/soziale Einrichtung, sonst: Restmüll
- Kaputte/nicht mehr passende Kleidung → Altkleidersammlung oder verkaufen/soziale Einrichtung
- Sachen, die im Kinderzimmer nichts verloren haben (weil das Zimmer als Stauraum gebraucht wird) → anderer Aufbewahrungsort oder sich davon trennen

Wohnzimmer

Schlafzimmer

Wohnzimmer – das muss raus

- Möbel, die Sie nicht nutzen und die den Raum »zustellen« → verkaufen oder verschenken
- Abgelaufene Kataloge, alte Zeitschriften und Zeitungen → Altpapier
- CDs/DVDs, die Sie nicht mehr nutzen → verkaufen oder verschenken
- Bücher, die Ihnen nichts bedeuten oder die Sie nie lesen werden → verkaufen oder verschenken
- Unansehnliche/verstaubte »Dekoware« → Restmüll
- Vertrocknete Zimmerpflanzen → Biotonne

Abstell-/Vorratskammer – das muss raus

- Mehrfach vorhandenes/altes/unbenutztes Putzzeug, Reste → Rest- oder Sondermüll
- Verdorbene Lebensmittel → Bio- oder Restmüll
- Defekte Geräte → Elektroschrott
- Defekte/unansehnliche/mehrfach vorhandene sonstige Haushaltsgeräte → verkaufen oder verschenken beziehungsweise Elektroschrott oder Restmüll

Schlafzimmer – das muss raus

- Alles unterm Bett →Ausnahme: staubdichte Kleidungsaufbewahrung
- Alles auf dem Schrank → ggf. deckenhohe Schränke einbauen
- Nachttisch: nur die aktuelle Lektüre, Rest → Bücherregal
- Wäscheständer → Waschküche, notfalls Bad
- Bügelbrett & Bügeleisen → Aufbewahrung schaffen, nur bei Gebrauch rausholen
- Schmutzwäsche → Wäschetruhe
- Kleidung, die Ihnen nicht (mehr) steht/passt/gefällt → Altkleidersammlung

Der Schweinehund nimmt ab und ernährt sich gesund

Abnehmen gehört zu den schwierigeren Schweinehund-Übungen. Nicht nur, dass er eher zu rundlichen Formen neigt. Allein der Gedanke, die Lebensgewohnheiten zu ändern, versetzt ihn in Alarmbereitschaft. Aber: Ganz ohne Änderung geht es nicht. Die gute Nachricht? Der Schweinehund wird Sie nicht sabotieren, wenn Sie seine Bedürfnisse respektieren.

Mit Diäten haben Schweinehunde in der Regel schlechte Erfahrungen gemacht. Da sollen Sie sich über Wochen, vielleicht Monate kasteien, ein- und beschränken, dies und das nicht essen, dafür aber mehr Sport treiben. Sie sollen also gleich zwei Verhaltensänderungen auf einmal umsetzen: die Ernährung umstellen und gleichzeitig Bewegung in Ihr Leben bringen. Kein Wunder, dass viele Abnehmvorhaben schon von ihrer Konzeption her zum Scheitern verurteilt sind: Sie nehmen viel zu wenig Rücksicht auf die Anforderungen ihres Saboteurs:

● **In 14 Tagen schlank:** Der Fehler liegt hier bereits in der Formulierung. Richtig müsste es heißen: In 14 Tagen weniger Gewicht. Das funktioniert sogar – zumindest was die Anzeige auf der Waage anbelangt. Allerdings werden Sie nicht wirklich schlanker. Denn Sie werden in erster Linie Wasser verlieren, dann Muskelzellen … aber meist leider keine einzige Fettzelle.

Ernährungsumstellung + Bewegung = dauerhafte Gewichtsreduktion

Zunächst kommen wir Ihrem Schweinehund einmal sprachlich entgegen: Da er negative Erfahrungen mit dem Begriff »Diät« gemacht hat, gebrauchen wir ihn fortan nicht mehr. Das aber nicht nur, weil der Schweinehund dies so wünscht. Es ist auch in der Sache korrekt. Denn mit »Diät« wird eine »von der üblichen Ernährung abweichende Kostform, bei der die Nahrung zur Vermeidung oder Behandlung von Krankheiten den jeweiligen Erfordernissen angepasst wird« bezeichnet. Problem erkannt? Sie sind ja nicht krank – Sie wollen nur Ihr Gewicht reduzieren. Es geht also gar nicht um eine Diät, sondern darum, die Ernährung und die körperliche Aktivität so umzustellen, dass Sie gesund leben und dabei automatisch abnehmen.

Und der bekannte Jojo-Effekt sorgt anschließend dafür, dass Sie das verloren geglaubte Gewicht sehr schnell wieder drauf haben. Da Ihr Schweinehund sich aber in den vergangenen 14 Tagen sehr einschränken musste, wird er alles daransetzen, dass Sie sogar noch ein bisschen mehr auf die Waage bringen.

- **Null-Komma-null-Diät:** Fastenkuren mögen sinnvoll sein, um zu entschlacken. Zur Gewichtsabnahme sind sie ungeeignet. Denn mit ihnen wird keine dauerhafte Umstellung der Ernährungsgewohnheiten trainiert. Auch hier gilt deshalb: Schweinehund und Jojo-Effekt werden schnell für altbekannte Zustände sorgen.
- **Die XYZ-Diät nach Dr. ABC:** Gern auch in Verbindung mit Nahrungsergänzungsmitteln, Pulvern, Tabletten etc., die meist für nicht gerade geringe Beträge käuflich erworben werden müssen. Der Nachteil: Häufig bauen diese »Diäten« neben der Kalorienreduktion auf einer einseitigen Ernährung auf, was auf Dauer zu regelrechten Mangelzuständen führen kann.

So nehmen Sie mit Bewegung ab

Wenn Sie Sport mit dem Ziel treiben, dabei abzunehmen, ist ein regelmäßiges Ausdauertraining gekoppelt mit einem leichten Krafttraining die ideale Kombination. Sportliche Betätigung im Ausdauerbereich führt zu einem Umbau im Körper: Langfristig werden infolge des aktivierten Stoffwechsels Fettzellen in Muskelzellen umgewandelt. Diese Muskelzellen verbrauchen selbst im Ruhezustand mehr Energie als Fettzellen. Die Folge: Unser Körper »frisst« bei weniger Fettmasse mehr Kalorien – ideale Bedingungen, um abzunehmen und das neue Gewicht auch zu halten. Unterstützen können Sie diesen Prozess mit einem gezielten Muskelaufbautraining. Damit regen Sie Ihren Körper nicht nur zum verstärkten Aufbau von Muskelzellen an, sondern tun auch etwas für Ihr Wohlbefinden: Eine starke Rücken- und Bauchmuskulatur beugt einem Bandscheibenvorfall vor und eine gut ausgebildete Schulter- und Armmuskulatur sorgt für weniger Verspannungsschmerzen.

Wichtig: Insbesondere bei starkem Übergewicht oder wenn Sie bisher noch gar keinen Sport getrieben haben, sollten Sie sich vor

Know-how

IHR ESSTAGEBUCH

Ging Ihnen das auch schon mal so: Sie essen – und wissen schon eine halbe Stunde später nicht mehr, was und wie viel Sie gegessen haben. Eine gute Methode, um einen realistischen Überblick über Ihre Essgewohnheiten zu bekommen, ist ein Esstagebuch. Notieren Sie nicht nur, was Sie gegessen haben, sondern auch, in welcher Stimmung Sie waren. Ungewöhnlich? Vielleicht. Aber auf diese Weise können Sie sehr schnell herausbekommen, inwieweit Ihre Essgewohnheiten mit Ihren Stimmungen oder bestimmten Situationen zusammenhängen. Das ist ganz im Sinne der barrierebezogenen Strategieplanung: Kritischen Situationen können Sie dann schon vorher entgegenwirken. Wie wäre es beispielsweise mit einem Apfel statt eines Stücks Sahnetorte?

Tag/Uhrzeit	Speisen	Getränke	Gedanken	Gefühle
29.10./23.10 Uhr	Eine Tafel Schoko- lade	Rotwein	an den nächsten Arbeitstag	Angst vor Stress

Bitte nicht zu viel Mathematik!

Also: Diät mit sturem Kalorienzählen ist mit mir nicht. Da gehen ja wirklich Lust und Freude am Essen völlig verloren. Auf zu viel Disziplin in diesem Punkt reagiere ich mit plötzlichen mitternächtlichen Essattacken – seien Sie sicher: Da geht es dann nicht mehr um 10 Kalorien hin oder her, da wird gleich in 1000er-Schritten gearbeitet. Lassen Sie sich also bitte etwas anderes einfallen – etwas, das leichter geht und Spaß macht. Dann halte ich auch still – ein paar Pfund weniger um die Hüfte würden mir ja auch guttun, was meinen Sie?

Aufnahme eines Sportprogramms von einem Arzt durchchecken lassen. Er kann Ihnen sagen, ob und, wenn ja, welche Einschränkungen Sie gegebenenfalls beachten sollten. Und so geht's: Ein Einsteigerprogramm finden Sie im Kapitel »Der Schweinehund wird fitter« (Seite 171 ff.) Ausführliche Tipps zum Thema Fitness und Abnehmen können Sie aber auch im GU-Ratgeber »Abnehmen mit dem inneren Schweinehund« nachlesen. Dort erfahren Sie außerdem, wie Sie Ihren Schweinehund dazu bringen, mit Ihnen zusammen auf die Laufstrecke zu gehen.

Stellen Sie Ihre Ernährung um

Die dauerhafte Ernährungsumstellung ist der heikelste Punkt bei jedem Abnehmvorhaben. Andererseits steht und fällt damit aber der langfristige Erfolg. Ein Grund mehr, an diesem Punkt besonders auf die Bedürfnisse Ihres inneren Schweinehundes zu achten. Er ist Genießer – kommen Sie ihm daher ein wenig entgegen. Das Konzept der sogenannten Ernährungshierarchien verzichtet auf jedes »Nein« und gibt stattdessen Alternativen vor. Die wertvollsten Nahrungsmittel, also diejenigen, die sich am besten zum Abnehmen eignen, stehen ganz oben – diese sollten Sie vor allem in der Anfangsphase vorziehen. Nach unten hin nimmt der Nährwert immer mehr ab. Das heißt nicht, dass diese Lebensmittel in Zukunft verboten sind. Sie sollten sie nur weniger häufig zu sich nehmen. Wenn Sie also partout Appetit auf einen Schweinebraten haben: Einmal in der Zeit schadet er nicht – nur eben nicht jeden zweiten Tag. Dieses Hierarchie-System ist im übrigen eine spezielle Form der barrierebezogenen Strategieplanung (S. 108 ff.) – mit gesunden Alternativen, die ausreichend Raum für plötzliche Launen lassen. Wichtig ist nur, sich nicht zu häufig im unteren Bereich aufzuhalten! Stellen Sie aus den folgenden Hierarchien Tag für Tag Ihren Speisezettel zusammen. Gehen Sie von oben nach unten vor.

Aus den folgenden Hierarchien können Sie und Ihr Schweinehund nach Lust und Laune wählen.
Das Beste: Wirklich alles ist erlaubt! *Wenn Ihr Schweinehund also meint, heute unbedingt Brat-*
würstel zu brauchen, weil sonst der ganze Tag vermasselt ist – dann kriegt er sie. Machen Sie ihm
nur klar: »Das kannst du haben, aber eben nicht jeden Tag.«

FRÜHSTÜCK

Zum Frühstück das Beste – mit Power-Omelette oder Müsli starten Sie fit in den Tag.

Ungezuckertes VOLLKORNMÜSLI (optimal: mit Hafer!) und frisches Obst

POWER-OMELETTE

Probiotischer JOGHURT MIT FRISCHEN FRÜCHTEN

VOLLKORNBROT mit fettarmem Belag (Hüttenkäse, Putenbrust)

VOLLKORNBROT mit Fruchtaufstrich, Schinken oder Käse

WEISSBROT mit fettarmem Belag

WEISSBROT mit Honig, Nutella oder Butter und Salami

FISCH & FLEISCH

Wenn Sie mittags Appetit auf etwas Herzhaftes haben, gilt grundsätzlich: Fisch ist besser als Fleisch!

Fisch

SEEFISCH, z. B. Seezunge, Scholle, Butt, Kabeljau

Hering, Lachs, Seelachs, Makrele, Thunfisch

SÜSSWASSERFISCH, z. B. Forelle, Renke, Saibling, Zander

KRUSTENTIERE, z. B. Garnelen

Aal

Fleisch

PUTE und HUHN	Ausnahme: Brathähnchen
WILD	Ausnahme: Schwarzwild, Flugente
LAMM	Ausnahme: Rippe, Nacken
KALB	Ausnahme: Nacken, Haxe (Ossobuco), Kammstück, Brust, Bauch-lappen
RIND	Ausnahme: Nacken, Beinscheibe, hohe Rippe, Brust, Bauchlappen
SCHWEIN	Ausnahme: Nacken, Spareribs, Haxe, Bauchfleisch
GANS und ENTE	

KOHLENHYDRATREICHE LEBENSMITTEL

Mit einem niedrigen GLYX-Wert

VOLLKORNPRODUKTE, z. B. Brot, Brötchen, Müsli ohne Zuckerzusatz
HAFERFLOCKEN
NATURREIS
VOLLKORNNUDELN
HÜLSENFRÜCHTE, z. B. Bohnen und Erbsen
LINSEN
MÖHREN
BAGUETTE

GETRÄNKE

Trinken ist wichtig. Nicht nur das »Wieviel«, sondern auch das »Was«.

WASSER
FRÜCHTE- UND KRÄUTERTEES (ungezuckert)
SAFTSCHORLEN
SCHWARZER TEE
KAFFEE
WEIN
BIER
LIMONADE, COLA usw.

NASCHEN & KNABBERN

Ab und zu braucht der Schweinehund was Süßes oder Herzhaftes.

SCHWARZE SCHOKOLADE (Kakaoanteil mindestens 75 Prozent)
TROCKENFRÜCHTE, z. B. Trockenpflaumen, Aprikosen, Äpfel (idealerweise alle ungeschwefelt)
STUDENTENFUTTER
ERDNÜSSE IN DER SCHALE   jedoch keine gesalzenen und gerösteten Erdnuss-Snacks
SALZSTANGEN
FRUCHTEIS, z. B. Wassereis, Sorbets Ausnahme: Milcheis
MILCHSCHOKOLADE
CHIPS

IMBISS

Ess-Sünden lauern in Imbissbuden und Schnellrestaurants. Auch hier gibt es gesunde Alternativen.

PUTEN- ODER HÄHNCHENBURGER
ohne Brötchen
Ausnahme: Vollkornbrötchen

GEMÜSEBURGER

DÖNER
jedoch ohne Fladenbrot

HAMBURGER
jedoch ohne Brötchen

SCHWEINSWÜRSTEL MIT KRAUT

CURRYWURST
jedoch ohne Sauce

PIZZA

ABENDESSEN

Auch den Abschluss des Tages können Sie mit Ihrem Schweinehund genießen. Am besten in entspannter Atmosphäre.

FISCH, gedämpft	Ausnahme: gebraten
GEMÜSE, gedämpft	jedoch ohne Sauce
WEISSES FLEISCH	Ausnahme: gebraten
SALATE MIT GEMÜSE UND FLEISCH	
RIND- ODER KALBSBRATEN	
BRATHÄHNCHEN	jedoch ohne Haut
SCHWEINEBRATEN	

BEILAGEN

Sie haben sich für Fisch oder Fleisch als Hauptgang entschieden? Hier finden Sie die Beilagen.

BUNTES GEMÜSE, gedämpft	jedoch ohne Sauce
HÜLSENFRÜCHTEGEMÜSE, gedämpft	jedoch ohne Sauce
VOLLKORNNUDELN	
REIS, ungeschält	
WEISSMEHLNUDELN	
REIS, geschält	
KARTOFFELN, gedämpft	

Der Schweine-hund wird fitter

»Ich will so bleiben, wie ich bin« – nicht nur ein bekannter Werbespruch,
sondern auch eine Art Schweinehund-Credo. Leider gilt für viele: Wenn es
tatsächlich so bleibt, wie es ist, dann wird das bald negative Folgen haben.
Bewegung ist in unserer schreibtischgeprägten Zeit wichtiger denn je.
Packen Sie es mit Ihrem Schweinehund einfach an.

Bewegung und Fitness sind nicht nur wichtige Bausteine für ein gesundes und leistungsfähiges Herz-Kreislauf-System. Auch wenn Sie abnehmen wollen, kommen Sie an regelmäßiger Bewegung nicht vorbei. Ausreichend Futter für Ihren Schweinehund, denn »Bewegung« und »regelmäßig« sind gleich zwei Vorsätze auf einmal, die er gern frisst. Da gerade bei sportlicher Betätigung die Selbstüberwindung am Anfang relativ groß ist, gleichzeitig aber die »Wohlgefühlseinheiten« eher auf sich warten lassen (siehe Seite 95), hat er meist Erfolg mit seinen Attacken: Die beliebte »Keine-Zeit-Schiene«, das schlechte Wetter oder allgemeines Unwohlsein – um Ausreden ist er nicht verlegen.

So schaffen Sie den Anfang

Bei Sport- und Fitnessprogrammen gilt in ganz besonderem Maße: Machen Sie sich den

Meine Ausreden-Hitliste zum Thema Fitness

Ein kleiner Blick in meine Trickkiste – die eine oder andere Variante haben meine Kollegen bei Ihnen vielleicht auch schon mal ausprobiert:

- *Doch nicht bei deiner derzeitigen beruflichen Situation.*
- *Jetzt auch noch beim Sport schinden – damit verdirbst du dir doch nur die Laune.*
- *Das ist viel zu anstrengend für dich, das schaffst du nie!*
- *Das ist doch nur wieder so eine Modeerscheinung.*
- *Vorsicht, das wird zu viel – Beruf, Familie –, du übernimmst dich.*
- *Das müsstest du schon richtig machen – nur so nebenbei bringt eh' nichts.*
- *Müller aus dem Einkauf versucht das doch schon seit Jahren – bei dem funktioniert es auch nicht.*
- *Macht dein Rücken da eigentlich mit?*
- *Man lebt doch eh' nur einmal – das wird mit Sport nicht mehr werden.*
- *Was, wenn du dich dabei verletzt – das kannst du dir beruflich nicht leisten.*
- *Das kostet doch wieder nur Geld – spar lieber für die Rente.*
- *In so einem Studio unter all den Sport-Cracks – da blamierst du dich doch.*
- *Es gibt tolle Sendungen im Fernsehen – willst du die etwa alle verpassen?*

Anfang so leicht wie möglich. Das Problem hierbei: Die Forderung kollidiert häufig mit unserem Anspruch, möglichst rasch sichtbare Erfolge zu erzielen, beispielsweise Gewichtsreduktion, strafferer Körper, mehr Beweglichkeit, überhaupt: ein besseres Lebensgefühl. Deshalb neigen viele dazu, sich in der ersten Phase zu übernehmen – und geben dann bei den ersten Schwierigkeiten sehr schnell auf. Hier gilt es, die eigenen Ansprüche zunächst zurückzuschrauben und sich in der ersten Zeit mit weniger zufrieden zu geben. Auch wenn einen dann nicht sofort die Traumfigur aus dem Spiegel anblickt: Besser langsam und schweinehundegerecht anfangen und dafür langfristige Erfolge erzielen. Um Ihnen und Ihrem Schweinehund den Anfang tatsächlich so leicht wie möglich zu machen, haben wir hier ein Starterprogramm für (Wieder-)Einsteiger zusammengestellt. Dazu gehören kleine Einheiten zur Grundfitness, Ausdauereinheiten und ein leichtes

Krafttraining. Wie gesagt: für den Anfang. Steigern können Sie sich dann nach der Eingewöhnungsphase, indem Sie entweder dieses Programm ausbauen oder zusätzlich geeignete Sportarten integrieren. Viele Tipps hierzu finden Sie im Buch »Fit mit dem inneren Schweinehund«.

Ihre aktive Woche enthält folgende Punkte – planen Sie diese von Anfang an fest in Ihrem Kalender ein:

- Täglich 10 Minuten **Grundfitness** – am besten gleich am Morgen.

- 2-mal pro Woche eine **Ausdauereinheit,** jeweils 30 Minuten.
- 3-mal pro Woche ein **leichtes Krafttraining,** jeweils ca. 10 Minuten.

Programm zur Grundfitness

Beginnen Sie den Tag aktiv – starten Sie mit 10 Minuten Bewegung. Dieses Einsteigerprogramm bringt Sie in Schwung, lässt Freude an der Bewegung spüren und macht Lust auf mehr.

Übung 1: Aufwärmen

Hände locker in die Taille legen, ein Bein zur Seite strecken, mit der Fußspitze kurz auf den Boden tippen. Fuß zurückbewegen, mit dem anderen Fuß wiederholen – und abwechselnd weiter, etwa 3 Minuten.

Übung 2: Ausfallschritt

Aufrecht stehen, Arme hängen locker an den Seiten herab. Führen Sie das linke Bein in einem großen Ausfallschritt nach hinten, die Arme gleichzeitig über Kreuz zur Brust. Kurz halten, dann Bein wieder nach vorn und Arme öffnen und dieselbe Bewegung mit dem anderen Bein machen. 12-mal wiederholen.

Übung 3: Strecken

In Seitenlage auf den Boden legen (geeignete Unterlage verwenden), rechte Körperseite am

TIPPS FÜR STARTER

- Egal, ob Sie Wiedereinsteiger sind oder noch nie Sport getrieben haben: Bevor Sie richtig loslegen, sollten Sie sich bei einem Arzt durchchecken lassen. Das gibt Ihnen die Gewissheit, dass Sie sich mit Ihrem neuen Programm nicht mehr schaden als nutzen. Ihr Arzt kann Ihnen auch sagen, ob bestimmte Sport- und Bewegungsarten für Sie ungeeignet sind.
- Für jedes Training gilt: Zwischen zwei Sporttagen sollte immer ein Regenerationstag liegen.
- Zusätzlich zu Ihrem allgemeinen Training bewähren sich Gymnastik- und Stretchingeinheiten.

Boden. Den rechten Arm unter dem Kopf anwinkeln, sodass Sie den Kopf darauflegen können. Das rechte Bein vor dem Körper zur Stabilisierung leicht anwinkeln. Nun den linken Arm nach hinten führen und mit ihm das linke angewinkelte Bein fassen – Bein leicht nach oben und hinten ziehen, die Dehnung ca. 20 Sekunden halten, dann auf die andere Seite drehen und wiederholen. Insgesamt 12-mal.

Übung 4: Crunch

Ausgestreckt in Rückenlage auf geeignete Unterlage legen, Arme seitlich neben dem Körper. Die Beine leicht anziehen zur Stabilisierung. Nun die Arme leicht anheben, neben dem Körper gestreckt halten, die Bauchmuskeln anspannen und langsam den Oberkörper nach oben schieben – Blickrichtung zu den Knien, die Schultern vom Boden weg. Kurz innehalten, dann zurück und insgesamt 12-mal wiederholen.

Übung 5: Power für Oberschenkel, Po, Rücken

Aufrecht stehen, Füße schulterbreit auseinander. Nun die Arme nach vorn heben und gleichzeitig eine Bewegung ausführen, als ob Sie sich hinsetzen wollen – kurz vorm »Hinsetzen« halten und wieder aufrichten. Dabei die Knie nicht ganz durchdrücken. Insgesamt 12-mal wiederholen.

Übung 6: Entspannen

In Rückenlage (geeignete Unterlage), Beine lang ausgestreckt, Arme weit über den Kopf strecken. Tief einatmen, beim Ausatmen alle Spannung aus dem Körper lösen. Diese bewusste Entspannung und gleichzeitige Streckung des Körpers 15 Sekunden halten. Wieder einatmen, insgesamt 5-mal wiederholen.

Programm zur Ausdauer

Der Klassiker unter den Ausdauersportarten ist Laufen – es hat den Vorteil, dass man es ohne große Vorbereitung, ohne Anmeldung in einem Studio und auch ohne aufwendige Ausstattung machen kann. Wichtig sind gute Laufschuhe (mit optimaler Dämpfung – lassen Sie sich in einem Fachgeschäft beraten), hilfreich kann eine Pulsuhr sein.
Und so klappt es mit dem Laufen: Die Erfolgsformel für den Anfang lautet »Laufen und gehen« mit allmählicher Steigerung.
1. Woche: 2 Minuten laufen, 2 Minuten gehen. Den Ablauf insgesamt 6-mal wiederholen.
2. Woche: 3 Minuten laufen, 2 Minuten gehen, 5-mal wiederholen.
3. Woche: 5 Minuten laufen, 2 Minuten gehen, 4-mal wiederholen.
4. Woche: 6 Minuten laufen, 1 ½ Minuten gehen, 5-mal wiederholen.

Ab der 5. Woche: Nach Gefühl die Lauf-
zeiten verlängern und die Gehzeiten weiter
reduzieren (10 Minuten laufen, 1 Minute gehen; 15 Minuten laufen, ½ Minute gehen
usw.). Schließlich werden Sie ohne Probleme
30 Minuten laufen – und Ihr Schweinehund
hat davon gar nicht viel mitbekommen.

Programm zum leichten Krafttraining

Möglicherweise haben Sie – oder Ihr Schweinehund – eine Abneigung gegen Fitnessstudios. Sportneulinge müssen da nicht unbedingt hin. Aber vielleicht packt Sie doch der
Ehrgeiz und Sie überwinden Ihre Abneigung,
wenn Sie das folgende Programm ein paar
Wochen lang erfolgreich durchgezogen haben. Regelmäßiges Krafttraining bringt neben dem Ausdauertraining zusätzliche Effek-
te, vor allem für die Stabilisierung des Kor-
pus. Damit entlasten Sie Ihren Rücken und
beugen Haltungsschäden vor.

Übung 1: Beinheben

In Bauchlage auf eine geeignete Unterlage
legen, Arme so positionieren, dass die Stirn
auf den Händen liegt. Nun ein Bein gestreckt
anheben, in dieser Position 10 Sekunden halten. Langsam senken, das andere Bein heben.
Insgesamt 15-mal abwechselnd wiederholen.

Übung 2: Balanceakt

Rückenlage, Beine lang ausgestreckt, Arme
neben dem Körper. Nun heben Sie den Oberkörper leicht an, indem Sie die Bauchmuskeln anspannen. Jetzt den rechten Arm leicht
anheben, gleichzeitig den linken Arm in einem weiten Halbkreis nach hinten führen.
Dabei das rechte Bein ausgestreckt lassen, das
linke anwinkeln. Diese Position 10 Sekunden
halten, dann den linken Arm wieder im
Halbkreis zurückführen, linkes Bein ausstre-
cken. Nun alles mit rechtem Arm und Bein
wiederholen. Insgesamt 4-mal zu jeder Seite.

Übung 3: Einrollen

Aus der Rückenlage durch Anspannung der
Bauchmuskeln den Oberkörper anheben.
Die Arme lang nach oben strecken, beide Beine anheben und zur Brust ziehen (also »ein-
rollen«). 10 Sekunden halten, dann den
Oberkörper langsam absenken und Beine
»ausrollen«. 15-mal wiederholen.

Übung 4: Seitstütz

In Seitenlage auf den Boden legen. Mit dem
rechten Arm (den Unterarm auf dem Boden
lassen) so hochdrücken, dass außer dem
Unterarm nur noch der rechte Fuß Kontakt
mit dem Boden hat. Nun das linke Bein anheben. Den linken Arm parallel zum Bein
halten, die Hand auf der Hüfte. 15 Sekunden
halten, vorsichtig absenken. Pause. Insgesamt
4-mal wiederholen, dann Seitenwechsel.

Der Schweinehund wird zum sozialen Wesen

Wer bisher meinte, der zwischenmenschliche Bereich sei weitgehend unbelastet von den Sabotageakten des Schweinehundes, irrt leider. Denn: Auch im familiären Bereich, insbesondere in der Beziehung zum Partner, zu Kindern und im Umgang mit Freunden spielt er eine große Rolle. Und es ist eine Herausforderung, ihn in diesem Bereich zu zähmen.

Wenn Sie sich vornehmen, ab Januar häufiger zum Joggen zu gehen, müssen Sie sich wahrscheinlich auf die Einwände Ihres Schweinehundes gut vorbereiten – und bei der Umsetzung Ihres Vorhabens mit einer Reihe von Störaktionen rechnen. Aber Sie haben es nur mit Ihrem eigenen Schweinehund zu tun, Sie kämpfen nur an einer Front. Ganz anders im Beziehungsbereich. Egal, ob es um die Beziehung zu Ihrem Ehe- oder Lebenspartner, den Kontakt zu Ihren Kindern, zu engen oder ent-

ferneren Familienangehörigen, Bekannten oder Freunden geht: Immer sind mehrere Schweinehunde am Werk. Mit oft völlig gegenläufigen Interessen, dafür aber umso geschulteren Spürnasen, mit denen sie punktgenau die Schwächen ihres Gegenübers ausloten und zielsicher zum Schlag ausholen. Meist kennt man sich ja schon etwas länger und weiß um die wunden Punkte des anderen. Das erhöht die Treffsicherheit und macht das Zusammenleben oft so ungemein kompliziert.

Der Partner gehört zum Inventar – mitsamt seinem Schweinehund

Ein wenig paradox ist das schon: Da sucht man sich mit viel Mühe einen Partner fürs Leben und muss dabei oft genug gewaltig mit dem inneren Schweinehund kämpfen. Beim Flirten gibt es schließlich Angriffsflächen im Großformat. Ganz egal, ob Ihr Schweinehund eher von der scheuen Sorte ist (»Bei dem hast du keine Chance mit deinem Aussehen.«) oder gern mal mit der Tür ins Haus fällt (»Machst du mir morgen mein Frühstück?«): Beim Flirten kann er sein gesamtes Repertoire ausbreiten und in vielen Fällen auch noch auf ein paar negative Erfahrungen aus der Vergangenheit zurückgreifen. So investiert man viel Zeit und Mühe in den Aufbau einer Beziehung, die schließlich ein Leben lang halten soll (das ist dann in der Phase des Verliebtseins der Romantik-Schweinehund in uns). Und dann? Dann kommt der Alltag, in dem viele Paare das Gefühl füreinander verlieren, aneinander vorbeireden, sich streiten … um schließlich zu der Erkenntnis zu gelangen, dass man doch noch nicht den oder die Richtige gefunden hat. Man trennt sich … und sucht einen neuen Partner. Das Spiel beginnt von vorn.

Und daran soll der Schweinehund schuld sein? Na ja, nicht nur, aber auch. Nicht erst seit dem Weltbestseller »Männer sind anders, Frauen auch« von John Gray wissen wir, dass in einer Beziehung zwei völlig unterschiedlich gepolte Schweinehunde aufeinandertreffen können. Das Problem sind aber nicht so sehr diese Unterschiede. Problematisch ist eher, dass Schweinehunde in Beziehungsfragen Verfechter einer eingeschränkten Sichtweise sind. Und die lautet etwas verkürzt: »Meine Sichtweise ist richtig, alle anderen sind völlig unverständlich und können daher nur falsch sein.« Die Folge: Jeder Partner-Schweinehund erwartet vom anderen, dass er so denken, fühlen und handeln muss wie er selbst. Ein großer Irrtum – und ein idealer Nährboden für jede Form von Missverständnissen, Verständigungspannen, Beziehungsproblemen und derlei mehr. Da dieser Prozess unbewusst abläuft, merken wir oft gar nicht, wenn unser innerer Begleiter mal wieder die Kommunikations- und Denkhoheit an sich zieht. Unser Gegenüber (bzw. der andere Schweinehund) reagiert prompt mit Gegenmaßnahmen – und schon ist wieder ein vielversprechender Abend verdorben.

Erst zuhören, dann reden

Dieses »Gebot« klingt sehr banal, ist aber gar nicht so einfach zu beachten und wird selten genug praktiziert. Nach einer viel zitierten Umfrage redet ein deutsches Paar im Durchschnitt nur zwei Minuten täglich miteinander über sich. Gemeint ist damit das Ge-

Know-how

ZU VIERT IM ZWIEGESPRÄCH

Die optimale Grundordnung für ein Partner-gespräch muss auch auf die beiden Begleiter Rücksicht nehmen, die unsichtbar mit am Tisch sitzen. Mit den folgenden fünf Punkten kann der Einstieg gelingen:

- **Der richtige Zeitpunkt:** Planen Sie mindestens einmal pro Woche zu einem festen Termin eine ungestörte »Redezeit«, am besten etwa eine Stunde lang. Spontane regelmäßige Gespräche gelingen den wenigsten Paaren auf Dauer. Um diese neue Verhaltensweise in Ihren Alltag zu integrieren, ist die regelmäßige Wiederholung wichtig. Verschaffen Sie Ihrem Gesprächstermin Präsenz, indem Sie ihn groß in Ihren Kalender eintragen, und geben Sie ihm oberste Priorität. Lassen Sie in der Anfangsphase keine Ausnahme zu.

- **Der richtige Ort:** Wählen Sie einen ungestörten Ort, an dem keine Unterbrechungen durch Telefon, Kinder oder überraschende Besuche drohen.

- **Das Thema:** ... ist nicht vorgegeben. Jeder kann über das sprechen, was ihn bewegt: Wie er sich beziehungsweise den anderen wahrnimmt, wie er die Beziehung erlebt etc. Jeder entscheidet für sich, was und wie viel er zu einem Thema erzählen will.

- **Die Art und Weise:** Möglicherweise der schwierigste Punkt – und auch derjenige, an dem der Schweinehund am häufigsten eingreifen wird. Es gilt, wirklich nur von sich zu sprechen, nur davon, was man selbst wahrnehmen und fühlen kann – also keine Bewertungen von Handlungen oder Gefühlen des anderen, keine Unterstellungen. Damit tut sich der Schweinehund schwer, denn er redet nicht gern von sich selbst. Viel lieber ist es ihm, Vermutungen darüber anzustellen, was der andere denkt und fühlt – was den Schweinehund des Partners dann sofort in Abwehrstellung bringt. Verboten sind außerdem Schuldzuweisungen und moralische Verurteilungen. Wünsche sollten als Bitten und nicht als Forderungen geäußert werden.

- **Die Redezeit:** Sie müssen es nicht so exakt machen wie bei den Rededuellen im Wahlkampf, in denen die jeweiligen Redezeiten sekundengenau getaktet und bei Überschreitung ausgeglichen werden. Aber dennoch sollten Reden und Zuhören in etwa gleich verteilt sein. Und: Wer zuhört, redet nicht und fragt auch nicht dazwischen.

spräch über wesentliche Dinge, die einen selbst oder die Beziehung betreffen. Solche Gespräche, die für die Qualität der Partnerschaft und ihren Fortbestand existenziell sind, gehen in der Hektik des Alltags leicht unter. Außerdem ist der Schweinehund natürlich der Meinung, dass so etwas absolut unnötig ist – es könnten ja unangenehme Dinge zur Sprache kommen! Also lieber gleich bleiben lassen, bloß nichts anrühren, es könnte ja etwas in Bewegung geraten. Doch auch wenn solche Gespräche Überwindung kosten – es lohnt sich, sie auszuprobieren. Für den Anfang, vor allem wenn Sie lange Zeit »kommunikationslos« gelebt haben, kann es hilfreich sein, eine Art Regieplan zur Hand zu haben, der Sie durch das Gespräch führt. Der Beziehungsspezialist Michael L. Moeller rät in seinem Buch »Die Wahrheit beginnt zu zweit« zur bewährten Methode des »Zwiegesprächs« nach einer festen Grundordnung. Eine solche Ordnung erleichtert Ihnen, Ihrem Partner und den beiden Schweinehunden den Einstieg ins Gespräch – ganz im Sinne des bewährten Tipps: Den Anfang so leicht wie möglich machen.

Sorgen Sie für sich selbst – und dann für andere

Der Schweinehund sagt: »Die entscheidende Person in der Beziehung ist der Partner. Sorge für ihn, kümmere dich um ihn, opfere

dich für ihn auf … dann kannst du mit Recht erwarten, dass er sich auch um dich kümmert. Wenn er das nicht tut, hast du jedes Recht, dein Schicksal zu beklagen.«
Aber er irrt, der Schweinehund, und verschließt sich dabei einer einfachen, aber fundamentalen Erkenntnis: Zuerst einmal geht es darum, für sich selbst zu sorgen, sich darum zu kümmern, dass es einem selbst gut geht. Tun Sie das, was Ihnen persönlich guttut, wobei Sie auftanken und zu sich finden können. Oft genügen dafür schon ein paar Minuten. Erst dann kann und wird man auch mit anderen richtig umgehen können. Wer diese Reihenfolge missachtet, läuft Gefahr, seine eigenen grundlegenden Bedürfnisse zu vernachlässigen. Er lebt dann kontinuierlich in der Hoffnung und Erwartung, dass andere für ihn sorgen … und hat jede Chance, in dieser Erwartungshaltung enttäuscht zu werden.
Die schweinehundgerechte Lösung lautet: Sorgen Sie erst dafür, dass es Ihnen selbst gut geht. Das ist kein Freibrief für Sie und Ihren Schweinehund, den Partner zu vernachlässigen.
Sie sollten aber zunächst einmal darauf achten, dass Sie selbst ausgeglichen und zufrieden durchs Leben gehen. Je mehr Sie lernen, für sich zu sorgen, umso besser geht es Ihnen – und Ihrer Umwelt. Denn einen ausgeglichenen und zufriedenen Partner an der Seite zu haben ist eine große Bereicherung. Auch wenn das zunächst überraschen mag: Je bes-

FÜNF TIPPS, WIE SIE IN FREUNDSCHAFTEN UND BEKANNTSCHAFTEN INVESTIEREN

- **Ergreifen Sie die Initiative.** Unterstützen Sie andere, bieten Sie Ihre Hilfe an, machen Sie Vorschläge für gemeinsame Unternehmungen. So kommen Sie zum einen in Kontakt, zum anderen halten Sie bestehende Freundschaften aufrecht.
- **Fördern Sie Ideen und Pläne von Freunden und Bekannten.** Sprechen Sie Anerkennung aus, geben Sie anderen die Gelegenheit, sich ein wenig größer zu fühlen als Sie selbst. Das mag Ihrem kleinen Saboteur nicht passen (schließlich ist er doch der Größte von allen!), aber er hat ja immerhin die Aussicht, beim nächsten Mal im Mittelpunkt zu stehen.
- **Zeigen Sie Interesse für die Interessen der anderen.** Seien Sie aufrichtig und kooperativ, lernen Sie, dem anderen zuzuhören.

Ermuntern Sie andere auch immer wieder, von sich zu erzählen.

- **Respektieren Sie andere Standpunkte.** Akzeptieren Sie andere so, wie sie sind. Seien Sie tolerant und versuchen Sie nicht, andere zu ändern oder zu verformen. Der Schweinehund will gern sein gesammeltes Wissen loswerden – das kommt bei anderen aber häufig nicht gut an.
- **Hören Sie auf Ihren Schweinehund – seien Sie spontan.** Überraschen Sie Freunde und Bekannte durch kleine Aufmerksamkeiten, Einladungen, vielleicht auch nur einen kurzen Gruß, einen Zeitungsausschnitt, eine Buchempfehlung oder Ähnliches – so halten Sie sich in guter Erinnerung und geben anderen die Möglichkeit, sich bei Ihnen zu melden.

ser es Ihnen geht, desto besser wird es auch Ihrer Beziehung gehen.

Und der zweite Teil des Rates lautet: Unterstützen Sie auch Ihren Partner darin, für sich zu sorgen. Sie können ihm Probleme nicht abnehmen oder ihn aus seiner Unzufriedenheit befreien. Aber Sie können den Partner dabei unterstützen – sei es durch zeitlichen Einsatz, durch finanzielle Unterstützung oder einfach, indem Sie signalisieren: »Ich stehe zur Verfügung, wenn du mich brauchst.« Je mehr Sie Ihrem Partner dabei helfen, für sich

zu sorgen, desto mehr werden Sie davon profitieren.

Kleine und große Schweinehunde

Kinder sind ein Geschenk – aber auch eine große Aufgabe. Und natürlich haben auch Kinder einen inneren Schweinehund. Lassen Sie sich nicht täuschen: Auch wenn Schweinehunde eigentlich immer so alt sind wie ihr Mensch: Kindliche Schweinehunde können ebenso sabotageerfahren und trickreich sein wie ihre erwachsenen Kolleginnen und Kollegen. Kein Grund also, den kindlichen Schweinehund nur wegen seines geringeren Alters weniger ernst zu nehmen.

Nun kann und soll dieses Buch keinen Erziehungsratgeber ersetzen. Nicht alle kleinen und großen Probleme mit Kindern lassen sich mit dem inneren Schweinehund erklären oder gar lösen. Es gibt aber einige allgemeingültige Tipps, die den Umgang mit Kindern in vielen Fällen leichter machen. Kinder brauchen Schutz und Orientierung. Vor allem aber brauchen Kinder Zeit, Empathie und Konsequenz.

Zeit für Kinder

Zeit zu haben für Kinder ist genauso wichtig wie Nahrung, Kleidung und ein Zuhause. Zeit bedeutet Zuwendung und ist eines der wichtigsten kindlichen Grundbedürfnisse. Für viele Eltern ist das aber zwischen Beruf, Haushalt und zahlreichen anderen Verpflichtungen gar nicht so leicht zu erfüllen. Hin- und hergerissen zwischen den Bedürfnissen des Kindes und den anderen Dingen rät der innere Schweinehund dann gern, das Kind doch einfach vor dem Fernseher zu parken: „Du musst auch mal an dich denken! Es nützt niemandem, wenn du dich aufreibst." Dem Schweinehund Ihres Kindes kommt er mit dieser Haltung oft sogar entgegen – Fernsehen gehört schließlich zu seiner Lieblings-beschäftigung. Auf diese Weise scheint allen gedient zu sein: Die Eltern haben ihre Ruhe, die Kinder sitzen vor der Glotze, die Schweinehunde sind zufrieden – nur das Wichtigste bekommt das Kind nicht: persönliche Zuwendung. Nehmen Sie sich daher so viel Zeit wie möglich für Ihre Kinder:

● **Zeit zum Spielen:** Dabei können auch Sie viel von Ihren Kindern lernen: Wie sie sich für das, was sie gerade tun, begeistern, wie sie ganz in einer Sache aufgehen. Ihren eigenen Schweinehund müssen Sie wahrscheinlich nicht erst überzeugen – schließlich ist er selbst eine Spielernatur.

● **Zeit zum Vorlesen:** Geschichten erweitern den Horizont und fördern die sprachliche Entwicklung. Sie steigern die Konzentrations- und Merkfähigkeit und erklären die Welt. Kurz: Kinder brauchen Bücher. Je früher sie damit in Berührung kommen, desto besser. Die Liebe zu Büchern beginnt (wie zahlreiche andere Erfahrungen eines glücklichen Lebens auch) im Elternhaus. Lesen Sie Ihren Kindern also so früh wie möglich und immer wieder vor.

● **Zeit für gemeinsame Unternehmungen:** Zeigen Sie Ihren Kindern die Welt. Entdecken Sie sie gemeinsam bei Museums-, Theater-, Kino- und Konzertbesuchen, bei (Berg-)Wanderungen, Ausflügen, Reisen und Sportaktivitäten (solange sie das mögen).

EMOTIONSTRAINING MIT KINDERN

1. **Werden Sie sich der Gefühle des Kindes bewusst.** Entwickeln Sie eine Antenne für seine Emotionen. Bei Kindern ist das nicht immer einfach, sie drücken ihre Gefühle und Ängste oftmals verschlüsselt aus, zum Beispiel in Fantasiespielen, selten direkt. Wichtig ist: Kinder haben immer Gründe für ihre Emotionen, die manchmal auch weitab vom konkreten Vorfall liegen.

2. **Erkennen Sie Emotionen als Gelegenheit zu Nähe und Unterweisung.** Gerade wenn ein Kind traurig, wütend, ängstlich ist, braucht es die Eltern besonders. Wenn wir die kindlichen Emotionen anerkennen, helfen wir ihm dabei zu lernen, sich selbst zu beruhigen. Was ihm lebenslang von Nutzen sein wird.

3. **Hören Sie dem Kind mitfühlend zu und bestätigen Sie seine Gefühle.** Mitfühlendes Zuhören ist das A und O. Begeben Sie sich auf Augenhöhe. Geben Sie wieder, was Ihnen Ihr Kind mitteilt. Halten Sie sich mit Anweisungen und Belehrungen zurück, ermöglichen Sie stattdessen dem Kind, eigene Antworten zu finden. Es kann helfen, wenn Sie von eigenen ähnlichen Erfahrungen berichten.

4. **Helfen Sie dem Kind, seine Gefühle in Worte zu fassen.** »Du bist sehr traurig, nicht?« So ein simpler Satz kann schon helfen, ein weinendes Kind zu beruhigen. Je präziser es seine Gefühle selbst ausdrücken kann, umso besser. Wichtig: Sie sollten Ihrem Kind nie erklären, wie es sich gerade fühlen sollte.

5. **Setzen Sie Grenzen und helfen Sie, ein Problem zu lösen.** Eltern sollten für ihre Kinder Regeln aufstellen. Zu große Toleranz führt nur zu Verhaltensweisen, die Sie nicht akzeptieren können. Wenn ein Problem gelöst werden soll, fragen Sie, was das Kind eigentlich will (Ziel). Denken Sie gemeinsam über Lösungen nach (Brainstorming). Prüfen Sie diese auf der Basis Ihrer individuellen Wertvorstellungen. Und helfen Sie schließlich Ihrem Kind dabei, selbst eine Lösung auszuwählen und in die Tat umzusetzen.

Gelungene Kommunikation mit kleinen Schweinehund-Besitzern

Mal angenommen, Sie fliegen gemeinsam mit Ihrem dreijährigen Kind in den Urlaub. Ihr Kind quengelt, weil es seinen Lieblingsteddy haben möchte. Und Sie entdecken, dass Sie einen schweren Fehler begangen haben: Der Teddy ist im Koffer, der Koffer ist eingecheckt, kurz: Der Teddy ist in weite Ferne gerückt. Und Ihr Kind quengelt schon ein wenig lauter – Sie wissen, dass es da auch noch Steigerungspotenzial gibt. Ablenkungsversuche aller Art, auch unter Zuhilfenahme des Lieblings-Vorlesebuches, scheitern. Und die ersten

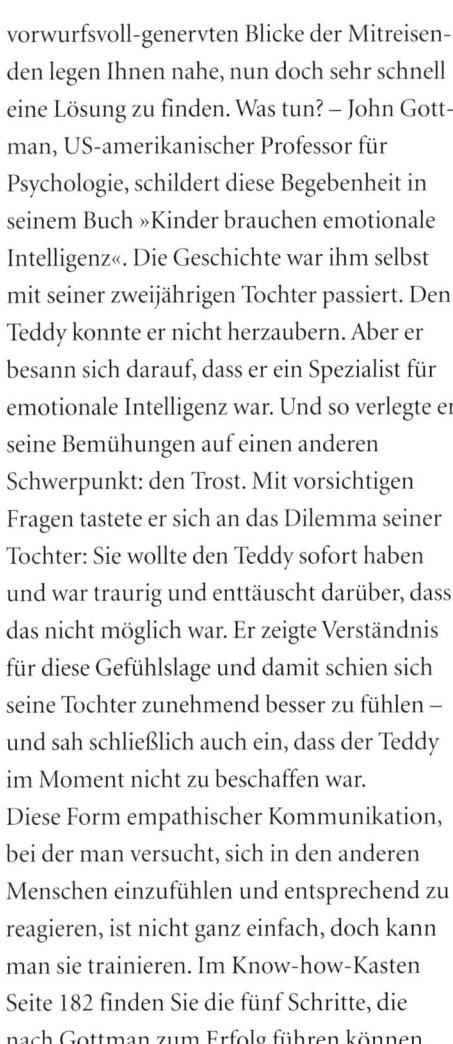

vorwurfsvoll-genervten Blicke der Mitreisenden legen Ihnen nahe, nun doch sehr schnell eine Lösung zu finden. Was tun? – John Gottman, US-amerikanischer Professor für Psychologie, schildert diese Begebenheit in seinem Buch »Kinder brauchen emotionale Intelligenz«. Die Geschichte war ihm selbst mit seiner zweijährigen Tochter passiert. Den Teddy konnte er nicht herzaubern. Aber er besann sich darauf, dass er ein Spezialist für emotionale Intelligenz war. Und so verlegte er seine Bemühungen auf einen anderen Schwerpunkt: den Trost. Mit vorsichtigen Fragen tastete er sich an das Dilemma seiner Tochter: Sie wollte den Teddy sofort haben und war traurig und enttäuscht darüber, dass das nicht möglich war. Er zeigte Verständnis für diese Gefühlslage und damit schien sich seine Tochter zunehmend besser zu fühlen – und sah schließlich auch ein, dass der Teddy im Moment nicht zu beschaffen war.

Diese Form empathischer Kommunikation, bei der man versucht, sich in den anderen Menschen einzufühlen und entsprechend zu reagieren, ist nicht ganz einfach, doch kann man sie trainieren. Im Know-how-Kasten Seite 182 finden Sie die fünf Schritte, die nach Gottman zum Erfolg führen können.

Seien Sie konsequent

Kinder befinden sich in einem ständigen Lernprozess. Angriffsfläche genug für den inneren Schweinehund, dem man hier am besten mit Konsequenz begegnet. Egal, ob es um Tischmanieren, Fernsehkonsum, Hausaufgabenkontrolle, Mitarbeit im Haushalt oder um Verbote geht: Erfolg werden Sie nur haben, wenn Sie Ihren Standpunkt immer wieder deutlich machen und die einmal eingeschlagene Richtung beibehalten.

Machen Sie sich Freunde

Je mehr die Familienbande an Stabilität verlieren, desto wichtiger werden Freunde und gute Bekannte. Dennoch ist es dem inneren Schweinehund oft zu mühsam, in diesem Bereich Energie aufzuwenden. »Warum rufst immer du an? Die anderen können doch auch mal.« – »Wenn die sich nicht melden, werden sie kein Interesse an dir haben.« Das sind Sätze, mit denen er uns häufig davon abhält, zwischen Beruf, Familie, Haushalt und Hobby auch noch in Freundschaften zu investieren oder Bekannte einzuladen. Tatsächlich mag es unbefriedigend sein, wenn man immer selbst die Initiative ergreifen muss – wenn das über eine längere Zeit so geht, ist die Freundschaft vielleicht doch nicht ausgereift. Im Übrigen gilt aber: Auch der andere hat mit seinem Schweinehund zu kämpfen! Kümmern Sie sich daher möglichst oft um Freunde und Bekannte – das Prinzip von Geben und Nehmen funktioniert in diesem Bereich auf Grundlage längerfristiger Betrachtung, vielleicht sogar über Jahrzehnte.

Den Schweinehund finanziell absichern

In erster Linie geht es in diesem Kapitel natürlich um Sie selbst – um Ihre Finanzen und alles, was damit zusammenhängt. Mittelbar aber natürlich auch um Ihren inneren Schweinehund: Er mag den Gedanken, abgesichert und ohne große finanzielle Sorgen zu leben. Das kommt seiner Vorstellung von Leichtigkeit und Unbeschwertheit sehr entgegen. Umso erstaunlicher ist es, dass Finanzmanagement für viele noch ein richtiges »Schweinehund-Thema« ist. Aber auch hier gilt: Schwierig ist nur der Anfang.

Eines vorab: Es wird hier nicht um ein Patentrezept Marke »Reich in 17 Monaten« gehen. Derartige Versprechungen waren schon immer unseriös – in Zeiten unsteter Finanzmärkte sind sie es umso mehr. Mag sein, dass für einige wenige diese Versprechungen wahr werden.

Verzichtet wird auch darauf, konkrete Tipps für eine bestimmte Form der Geldanlage zu geben, und zwar aus einem einfachen Grund: Jeder Mensch hat in diesem Bereich andere Anforderungen. Wo der eine Sicherheit bevorzugt und dafür auf ein paar Prozentpunkte Zinsen gern verzichtet, möchte oder muss der andere in kurzer Zeit viel Rendite erwirtschaften. Der eine kann aus steuerlichen Gründen bestimmte Anlageformen nicht wählen, ein anderer hat damit keine Probleme, da er sich sowieso (nur) innerhalb der Freigrenzen bewegt. Darum erhalten Sie hier eher allgemeine Informationen über die grundsätzliche Herangehensweise.

Was ich so über Geld denke

Zwischen Wohlergehen und Sicherheit

Ein gutes Finanzmanagement schafft eine Balance zwischen den Ausgaben für unser Wohlergehen in der Gegenwart (das mag der Schweinehund sehr!) und einer soliden Geldanlage für eine möglichst sorgenfreie Zukunft (die möchte der Schweinehund auch, ihm fehlt nur oft die Zukunftsperspektive). Fehler im Umgang mit Geld machen sich manchmal sofort bemerkbar – oft aber ist es ein eher schleichender Prozess, den der innere Schweinehund gern mit dem Satz »Das ist gar nicht so schlimm, das schaffst du schon« begleitet. Mit dieser Methode gelingt es ihm meist, uns für lange Zeit in trügerischer Sicherheit zu wiegen oder – wenn es weniger dramatisch sein soll – uns davon abzuhalten, aus unseren finanziellen Ressourcen mehr herauszuholen. Dabei ist Finanzmanagement keine Zauberei – im Gegenteil: Es ist eher solides Handwerk gefragt.

Grundkenntnisse sind hilfreich

Nein, Sie und Ihr Schweinehund brauchen kein Kurzstudium der Finanzwissenschaften zu absolvieren. Wer trotzdem Spaß daran findet: Nur zu, die Literatur dazu ist umfangreich und Sie haben dann zukünftig die Chance, mit dem Wissen des Finanzberaters

»Über Geld redet man nicht, Geld hat man.« Nach diesem Motto leben viele. Ich muss zugeben: Ich bin nicht ganz unschuldig an dieser Auffassung. Geld ist eben ein richtiges Schweinehund-Thema. Diejenigen, die meinen, nicht genug davon zu haben, oder tatsächlich mit wenig auskommen müssen, schämen sich häufig, darüber zu reden. Andere meinen sprichwörtlich, Geld verderbe den Charakter – und meiden nicht nur das Gespräch über Geld, sondern auch jede Strategie, zu Geld zu kommen. Und bei manchen Schweinehund-Besitzern ist selbst mir die auffällige Zurschaustellung ihres Wohlstands unangenehm. Kurzum: ein schwieriges Thema. Mein Tipp: Gehen Sie es in kleinen Etappen an. Sie wollen ja sicher nicht große Schätze horten, sondern auf sinnvolle Weise für eine gewisse finanzielle Sicherheit und Unabhängigkeit sorgen.

bei der Bank Ihres Vertrauens mithalten zu können. Für alle anderen aber gilt: Es hilft, zumindest die Grundzüge des Geldwesens und der Geldanlage zu verstehen. Die wenigsten von uns haben von den Eltern oder in der Schule dazu etwas mitbekommen. Viele leben in puncto Geld mit rudimentären Kenntnissen, die sich häufig auf das Wissen beschränken, dass es besser ist, Geld zu sparen, als Geld auszugeben. Diese Botschaft mag verständlich sein, allein: Sie bewahrt

Know-how

VIER GRUNDREGELN DER FINANZPLANUNG

1. **Sparen Sie am Monatsersten einen bestimmten Betrag.** Die Erfahrung lehrt: Wer nicht von vornherein einen festen Betrag zum Sparen beiseite legt, wird im Regelfall am Monatsende nichts dafür übrig haben. Eine umsetzbare Faustregel lautet: Gespart werden zehn Prozent des Einkommens. Sie können per Dauerauftrag diese Summe monatlich von Ihrem Girokonto abbuchen lassen – zunächst einmal einfach auf ein Sparbuch. Dann ist es der »Verfügungsmasse« Ihres Kontos entzogen und wird auch nicht mehr als Aktivposten verbucht.

2. **Die Hälfte aller Gehaltserhöhungen wird zum Sparen verwendet.** Auch das ist eine einfache und umsetzbare Regel. Denn sonst erhöht sich zwar der Lebensstandard, aber auf Dauer nicht das Wohlgefühl.

3. **Finden Sie versteckte Geldabflusslöcher.** Fündig werden Sie fast immer, wenn Sie Ihre Versicherungspolicen durchforsten. Oft häufen sich über die Jahre zahlreiche Verträge an – und ebenso viele Risiken werden über angeblich günstigere Komplettangebote mehrfach abgesichert. Überprüfen Sie auch, ob tatsächlich alle Risiken, die Sie gern versichern würden, von den bestehenden Verträgen abgedeckt sind.

4. **Trennen Sie private und berufliche Finanzen.** Das gilt in erster Linie für Selbstständige. Zahlen Sie sich monatlich ein festes Gehalt. Nur so können Sie lernen, mit einem festen Betrag auszukommen.

nicht davor, im Alltag immer mal wieder dem Quengeln des Schweinehundes nachzugeben, der eben gern einkauft und stets der Ansicht ist, wir sollten uns ruhig mal etwas gönnen. Damit hat er im Grundsatz sogar recht, nur leider fehlt ihm dafür das rechte Maß und er wird schnell zum Wiederholungstäter. Außerdem wissen viele Menschen nicht, wie viel Geld eigentlich gespart werden muss, um in Zukunft, zum Beispiel im Alter, den momentanen Lebensstandard zu halten. Mal ganz abgesehen davon, dass sich der Schweinehund – wie immer – wesentlich leichter überzeugen lässt, wenn er konkret weiß, wofür er spart und wie es genau geht.

Nun mag Ihr kleiner Begleiter sagen: »Das muss ich nicht alles selbst wissen, dafür gibt es Kundenberater bei der Bank.« Nun, das stimmt natürlich, oft finden Sie dort auch kompetente Mitarbeiter, die einen guten

Überblick über mögliche Formen der Geldanlage haben. Allerdings sollte dabei eines bedacht werden: Kundenberater sind in erster Linie Verkäufer – sie müssen und sollen die Produkte ihrer Bank verkaufen. Es ist durchaus denkbar (und auch schon vorgekommen), dass diese Produkte nicht optimal zu Ihren Bedürfnissen passen. Ein guter Kundenberater wird Ihnen dann davon abraten. Aber es gibt eben leider auch weniger gute, die in erster Linie provisionsorientiert, sprich: wenig kundenorientiert, arbeiten.

Transparenz schaffen

Verschaffen Sie sich eine Übersicht über Ihre momentane finanzielle Lage. Wenn Sie das bisher noch nie gemacht haben, werden Sie wahrscheinlich überrascht sein, wo das Geld überall hinfließt. Vielleicht entdecken Sie sogar die eine oder andere Abbuchung, der Sie widersprechen möchten, weil Sie den Geldfluss überhaupt nicht mehr zuordnen können:

- Ermitteln Sie alle Ausgaben und notieren Sie diese. Auf diese Weise bekommen Sie schnell Klarheit über Ihren monatlichen Finanzbedarf. Sollte Ihr Schweinehund maulen und der Ansicht sein, das nehme viel zu viel Zeit in Anspruch: Das stimmt, aber nur bei der ersten Bestandsaufnahme. Dafür kann es in der Tat erforderlich sein, sich einmal einen verregneten Sonntag lang mit Kontoauszügen und anderen

Unterlagen hinzusetzen. Später sind es nur noch wenige Minuten pro Woche, die Sie in diese Tätigkeit investieren müssen. Sollte Ihr Schweinehund spielerisch veranlagt und technikverliebt sein: Es gibt dafür auch sehr schöne Computerprogramme!
- Analysieren Sie die Einnahmenseite. Das geht wahrscheinlich etwas schneller als bei den Ausgaben. Notieren Sie sich aber auch hier alle Zahlen, die Ihnen zur Verfügung stehen.
- Berechnen Sie Ihren monatlichen Mindestbedarf, also alle fixen Ausgaben (Miete, Versicherungen, sonstige Lebenshaltungskosten etc.).

Der verbleibende Rest zwischen den Einnahmen und dem monatlichen Mindestbedarf ist derjenige Betrag, der Ihnen – unter anderem – zur Vermögensbildung zur Verfügung steht. Aber eben auch für die Finanzierung Ihres gegenwärtigen Wohlstands. Häufig zerrinnt einem gerade dieser Rest zwischen den Fingern, wenn man nicht klar plant, was damit gemacht werden soll.

Finanzplanung mit System

Wahrscheinlich werden Ihnen zum Thema Finanzplanung unterschiedliche Konzepte und Programme begegnen – mit drei, fünf oder auch gern zwölf Schritten. Reduziert auf die wesentlichen Punkte geht es aber immer um drei Aspekte:

DEN SCHULDEN ENTKOMMEN

Schulden machen ist nicht an sich schlecht – unser Wirtschaftssystem baut zu einem großen Teil auf Schulden auf. Problematisch wird es nur dann, wenn den Schulden keine gesicherten Werte gegenüberstehen. So wird für die meisten der Immobilienkauf nicht ohne Verschuldung machbar sein. Aber diesen Schulden steht dann auch die Immobilie als Wert gegenüber.

Anders sieht es bei sogenannten Konsumkrediten aus – anders gesagt: das, was einem der Elektrogroßmarkt im Industriegebiet als »Leichtkauf« anbietet. Der Breitwandfernseher, der für kleine Monatsraten über drei Jahre abgestottert wird, stellt eben keinen entsprechend sicheren Gegenwert für diesen Kredit dar – meist sind derartige Geräte ja schon nach wenigen Monaten allenfalls noch die Hälfte wert. Daher gilt:

● Vermeiden Sie nach Möglichkeit Konsumkredite. Sie sind zwar leicht zu erhalten, meist aber relativ teuer – und man verliert sehr schnell den Überblick. Wenn sich derartige Kredite kumulieren und – zum Beispiel wegen Arbeitslosigkeit – nicht mehr bedient werden können, können Sie die angeschaffte Sache meist nicht einfach verkaufen. Sie müssen also weiterzahlen und haben letztlich keinen angemessenen Gegenwert.

● Haben sich solche Kredite bereits angehäuft: Bauen Sie diese schnellstmöglichst ab. Erstellen Sie – gegebenenfalls mit professioneller Hilfe – Tilgungspläne und halten Sie sich strikt daran. Schnallen Sie lieber für eine Zeit lang den Gürtel enger – am Ende werden Sie das gute Gefühl haben, schuldenfrei leben zu können. Und vermeiden Sie neue Konsumschulden: Gekauft wird nur, was bar bezahlt werden kann.

Schritt 1: Definieren Sie Ihre Ziele

Im Regelfall geht es dabei um drei Punkte:
● Sicherheit für den Todes- oder Krankheitsfall, insbesondere bei Berufs- beziehungsweise Erwerbsunfähigkeit
● Sicherheit bei Verlust der Einnahmequelle, durch Arbeitslosigkeit oder das Wegbrechen des Absatzmarkts. Konkret muss man sich fragen, wie lange das Eigenkapital bei Wegfall der Einnahmen ausreicht.

● Wohlstand: Dies umfasst neben der Absicherung im Alter auch »Luxusziele« wie den Hausbau oder die Anschaffung eines Sportwagens.

Schritt 2: Vergleichen Sie Ist und Soll

Mit diesem Schritt finden Sie heraus, wie weit Sie von Ihren Zielen noch entfernt sind – und wie viel Sie schon geschafft haben.

● Verschaffen Sie sich einen Überblick über alle bereits getroffenen Anlageentscheidungen und Vorsorgezusagen: Sparbücher, Wertpapiere, Aktien, Immobilien, Pensionszusagen, Rentenansprüche (gegebenenfalls Berechnung vom Rentenversicherungsträger anfordern), betriebliche Altersversorgung etc.

● Nun ist die Hilfe eines Beraters oder einer entsprechenden Software nötig: Fertigen Sie Hochrechnungen über die zu erwartende Vermögenslage in 10, 20, 30 usw. Jahren an. Dabei müssen insbesondere die Inflationsrate sowie gegebenenfalls steuerliche Auswirkungen berücksichtigt werden.

● Der Vergleich Ihrer Ziele (das sind die Soll-Werte) mit den ermittelten Ist-Werten ergibt den Handlungs- und Optimierungsbedarf.

Schritt 3: Planen Sie Ihre Anlagen

Aus dem ermittelten Optimierungsbedarf folgen konkrete Schritte für die Anlageplanung. Dabei können Sie grundsätzlich in zwei Richtungen marschieren: Entweder Sie erhöhen – unabhängig von der gewählten Anlageform – Ihre Sparrate, oder Sie ändern beziehungsweise ergänzen die vorhandenen Anlageformen. Auch hier können wieder keine konkreten Tipps gegeben werden – zu verschieden sind die individuellen Anforderungen und Vorlieben. Allen Möglichkeiten gehen aber ein paar grundsätzliche Überlegungen voraus:

● Die Höhe der **Rendite,** eng zusammenhängend mit …

● … dem **Risiko,** das Sie eingehen wollen und können. Tendenziell wird Ihnen Ihr innerer Schweinehund wahrscheinlich eher zu risikoarmen Anlageformen raten, das entspricht seinem Sicherheitsbedürfnis. Es gehört vielleicht nicht zu den unklugen Entscheidungen, ihm in diesem Punkt zu folgen.

● **Steuerliche Fragen,** zum Beispiel im Zusammenhang mit den steuerlich begünstigten Formen der betrieblichen Altersversorgung.

● Der **Inflationsschutz,** ein Aspekt, der häufig völlig vergessen wird. Das liegt vielleicht auch daran, dass sich der Schweinehund einfach nicht vorstellen kann, dass 1000 Euro in 25 Jahren vielleicht nur noch halb so viel wert sind wie heute – obwohl er doch immer noch zehn 100-Euro-Scheine in der Hand hält.

● Und natürlich Ihre **persönlichen Vorlieben.** Es kann schon sein, dass sich die Anschaffung einer Eigentumswohnung vor dem Hintergrund Ihrer persönlichen Lebensplanung vielleicht wesentlich ungünstiger darstellt als Wohnen zur Miete. Aber was nützt Ihnen diese Erkenntnis, wenn Sie sich in Ihren eigenen vier Wänden einfach wohler fühlen?

Bücher, die weiterhelfen

Berckhan, Barbara: Einfach selbstsicher! GRÄFE UND UNZER, München

Birkenbihl, Vera F.: Das »neue« Stroh im Kopf?, mi Verlag, Landsberg

Bohn, Susanne: Leben in Balance, GRÄFE UND UNZER, München

Csikszentmihalyi, Mihaly: Flow: Das Geheimnis des Glücks, Klett-Cotta, Stuttgart

Csikszentmihalyi, Mihaly: Flow im Beruf. Klett-Cotta, Stuttgart

Fournier, Cay von, Lebensstrategie: Vom Zeitmanagement zur Strategie, das richtige Leben richtig zu leben, Schmidt, Stockheim

Härter, Gitte: Mehr Disziplin, bitte! GRÄFE UND UNZER, München

Hodgkinson, Tom: Anleitung zum Müßiggang, Heyne, München

Horbach, Wolff: 77 Wege zum Glück, GRÄFE UND UNZER, München

Klein, Stefan: Die Glücksformel, Rowohlt, Reinbek bei Hamburg

Küstenmacher, Werner Tiki; Seiwert, Lothar J.: Simplify your life. Einfacher und glücklicher leben, Campus, Frankfurt

Münchhausen, Marco von: Die vier Säulen der Lebensbalance. Ein Konzept zur Meisterung des beruflichen und privaten Alltags, Ullstein, Berlin

Münchhausen, Marco von: entrümpeln mit dem inneren Schweinehund, GRÄFE UND UNZER, München

Münchhausen, Marco von: fit mit dem inneren Schweinehund, GRÄFE UND UNZER, München

Münchhausen, Marco von: So zähmen Sie Ihren inneren Schweinehund. Vom ärgsten Feind zum besten Freund, Campus, Frankfurt

Münchhausen, Marco von; Püschel, Ingo P.: Zeit gewinnen mit dem inneren Schweinehund, GRÄFE UND UNZER, München

Münchhausen, Marco von; Despeghel, Michael: abnehmen mit dem inneren Schweinehund, GRÄFE UND UNZER, München

Nussbaum, Cordula: Familien-Alltag sicher im Griff. So meistern Sie das tägliche Chaos gelassen und souverän, GRÄFE UND UNZER, München

Rensch-Bergner, Meike: Alltagsprofi, Weekenddiva. Clevere Tipps für tolle Frauen, GRÄFE UND UNZER, München

Seiwert, Lothar J.: Das neue 1x1 des Zeitmanagement, GRÄFE UND UNZER, München

Szolnoki, Esther; Pohlmann, Nina: tu's doch! GRÄFE UND UNZER, München

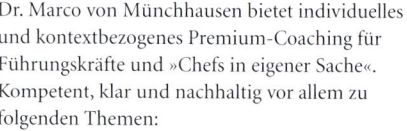

Coaching
v·o·n·m·ü·n·c·h·h·a·u·s·e·n

Dr. Marco von Münchhausen bietet individuelles und kontextbezogenes Premium-Coaching für Führungskräfte und »Chefs in eigener Sache«. Kompetent, klar und nachhaltig vor allem zu folgenden Themen:

- Persönliche Strategie: Lebensplanung, Karriereplanung, Träume verwirklichen.
- Krisenmanagement und Changeprozesse: berufliche wie private Veränderungen meistern, innere Konflikte klären.
- Individuelle Potentialentwicklung: Talente, Fähigkeiten, Leidenschaften
- Neuorientierung: die Herausforderungen jedes Lebensabschnitts annehmen.
- Balance von Berufs- und Privatleben: inneres Auftanken und Ressourcenmanagement.
- Umsetzungs-Coaching: den inneren Schweinehund an die Hand nehmen und persönliche Ziele Realität werden lassen.
- Kommunikation: Verstehen und verstanden werden, Konfliktsituationen besser meistern.
- Und vor allem zur Klärung der wichtigsten Frage: **Was will ich wirklich in meinem Berufs- und Privatleben?**

Informationen – auch zu Vorträgen und Seminaren – unter: www.vonmuenchhausen.de

Register

Wichtiger Hinweis

Die Beiträge in diesem Buch sind sorgfältig recherchiert und entsprechen dem aktuellen Stand. Abweichungen, beispielsweise durch seit Drucklegung geänderte WWW-Adressen etc., sind nicht auszuschließen. Weder die Autoren noch der Verlag können für eventuelle Nachteile oder Schäden, die aus den im Buch gegebenen praktischen Hinweisen resultieren, eine Haftung übernehmen.

© 2009 GRÄFE UND UNZER VERLAG GmbH, München.
Alle Rechte vorbehalten. Nachdruck, auch auszugsweise, sowie Verbreitung durch Bild, Funk, Fernsehen und Internet, durch fotomechanische Wiedergabe, Tonträger und Datenverarbeitungssysteme jeder Art nur mit schriftlicher Genehmigung des Verlages.

Programmleitung:
Christof Klocker

Leitende Redaktion:
Anita Zellner

Redaktion:
Petra Brumshagen

Bildredaktion:
Petra Brumshagen,
Daniela Laußer

Lektorat: boos for books,
Evelyn Boos, 86938 Schondorf
am Ammersee

Fotos: Getty Images: S. 6
(Photonica/Silvia Otte), S. 40
(FoodPhotography Eising),
S. 72 (Chris Clinton), S. 114
(Caroline Schiff), Autorenfoto
Ingo P. Püschel: Andreas Hasak

Illustrationen inklusive Titelillustration: Michael Wirth

Umschlag und Gestaltung:
independent Medien-Design

Herstellung: Claudia Labahn

Satz: Liebl Satz+Grafik,
Emmering

Repro: Longo AG, Bozen

Druck und Bindung:
Printer, Trento

ISBN 978-3-8338-1603-1
1. Auflage 2009

GRÄFE
UND
UNZER

Ein Unternehmen der
GANSKE VERLAGSGRUPPE

Unsere Garantie

Alle Informationen in diesem Ratgeber sind sorgfältig und gewissenhaft geprüft. Sollte dennoch einmal ein Fehler enthalten sein, schicken Sie uns das Buch mit dem entsprechenden Hinweis an unseren Leserservice zurück. Wir tauschen Ihnen den GU-Ratgeber gegen einen anderen zum gleichen oder einem ähnlichen Thema um.

Liebe Leserin und lieber Leser,

wir freuen uns, dass Sie sich für ein GU-Buch entschieden haben. Mit Ihrem Kauf setzen Sie auf die Qualität, Kompetenz und Aktualität unserer Ratgeber. Dafür sagen wir Danke! Wir wollen als führender Ratgeberverlag noch besser werden. Daher ist uns Ihre Meinung wichtig. Bitte senden Sie uns Ihre Anregungen, Ihre Kritik oder Ihr Lob zu unseren Büchern. Haben Sie Fragen oder benötigen Sie weiteren Rat zum Thema? Wir freuen uns auf Ihre Nachricht!

Wir sind für Sie da!
Montag—Donnerstag: 8.00—18.00 Uhr;
Freitag: 8.00—16.00 Uhr
Tel.: 0180-5 00 50 54*   *(0,14 €/Min. aus
Fax: 0180-5 01 20 54*   dem dt. Festnetz/
E-Mail: Mobilfunkpreise
leserservice@graefe-und-unzer.de   können abweichen.)

P.S.: Wollen Sie noch mehr Aktuelles von GU wissen, dann abonnieren Sie doch unseren kostenlosen GU-Online-Newsletter und/oder unsere kostenlosen Kundenmagazine.

GRÄFE UND UNZER VERLAG
Leserservice
Postfach 86 03 13
81630 München